测绘科技专著出版基金资助

# GPS精密定位定轨后处理

## Post-processing on GPS Precise Positioning and Orbit Determination



姚宜斌 著

测绘出版社

·北京·

# 内容简介

本书就高精度GPS定位定轨后处理所涉及的核心算法以及实现方法进行了系统研究。主要解决利用单天解轨道和基线处理结果进行多类参数(测站坐标参数、测站速度参数、地球自转参数、定轨参数等)的联合估计和轨道综合问题。提出利用SINEX文件作为GPS精密定位定轨后处理的主要输入文件,讨论了SINEX文件结构及其与法方程的相互转换问题;提出直接以所涉及的测站坐标、地球自转参数等信息为观测量的基于坐标模式的广义网平差模型;从随机模型误差和函数模型误差两个方面,对参数估计中先验约束的影响进行了详细的分析;以附加约束条件的间接平差模型为例,推导了附加额外约束条件对平差结果的影响,并以平差后的单位权中误差减小为条件,分析了附加额外约束产生增益的条件;重点研究了基于坐标模式的测站坐标参数、测站速度参数、地球自转参数的估计问题,并编制了相应的程序;采用轨道叠加的方法,对利用单天解轨道合成多天解轨道算法进行了详细推导,并通过算例证明了轨道综合对提高轨道产品精度的有效性。

本书可为从事大地测量,尤其是GPS数据处理的相关研究人员及大专院校相关专业的师生提供参考。

**图书在版编目(CIP)数据**

GPS精密定位定轨后处理/姚宜斌著. —北京:测绘出版社,2008.8

ISBN 978-7-5030-1872-5

Ⅰ.G… Ⅱ.姚… Ⅲ.全球定位系统(GPS) Ⅳ.P228.4

中国版本图书馆CIP数据核字(2008)第107051号

责任编辑 李建明　　封面设计 赵培璧

| | | | |
|---|---|---|---|
| 出版发行 | 测绘出版社 | | |
| 社　址 | 北京西城区复外三里河路50号 | 邮政编码 | 100045 |
| 电　话 | 010－68512386　68531558 | 网　址 | www.sinomaps.com |
| 印　刷 | 北京市通州次渠印刷厂 | 经　销 | 新华书店 |
| 成品规格 | 169mm×239mm | 印　张 | 6.75 |
| 字　数 | 132千字 | | |
| 版　次 | 2008年8月第1版 | 印　次 | 2008年8月第1次印刷 |
| 印　数 | 0001－2000 | 定　价 | 27.00元 |

书　号 ISBN 978-7-5030-1872-5/P·491

# 前　言

GPS(Global Positioning System),又称全球定位系统,是由美国国防部组织研制和实施的第二代卫星导航系统,它具有全球性、全天候、全方位、连续、快速、实时等高精度的三维导航、定位、授时功能。该系统自从其运行以来,广泛的应用于海、陆、空各领域,并满足其各个部门的导航与定位需求,对我国的国防建设、经济建设及社会发展产生了巨大的影响。随着选择可用性(Selective Availability,SA)政策的取消,GPS 应用的广度和深度得到了很大的改善。目前,欧洲大陆、美国本土等民间组织纷纷建立起研究机构,探索进一步提高 GPS 定位精度的途径,其中最为集中的观点在于建立自身的定轨中心,在美国控制范围以外独立地进行 GPS 的定轨工作。这种需求极大地推动了卫星精密定位定轨技术的发展,同时对星载 GPS 低轨卫星(包括重力卫星、遥感卫星等)的定轨是目前国际上研究的一个热点。

卫星精密定轨是卫星对地观测技术发展和应用的基础,没有先进的定轨技术和相应的软件为依托来获得高精度轨道,就不可能进行精密定位和开拓其他领域的应用。我国卫星定位技术的应用已有 20 多年的历史,但是目前卫星的精密定位定轨还主要依靠引进的软件,这种依赖国外软件的状况很难取得突破性的创新成果。只依靠国外软件已无法满足我国快速发展的卫星技术的实际需要,也不利于国防安全的保障,因此,需要尽快开发具有我国特色和自主知识产权的卫星精密定位、定轨软件系统。与此同时,我国已计划在不久的将来发射自己的重力卫星,因此对低轨卫星的定轨问题需要重点研究。本书在作者博士论文的基础上,并结合所承担的国家 863 计划项目(2006AA12Z323)、国家自然科学基金项目(40774008)和所参与的国家 973 计划项目(2006CB701301)、国家自然科学基金项目(40574005)的研究,尽力探讨卫星精密定位定轨的后处理部分,主要是研究利用单天解的轨道和基线处理结果进行多类参数(测站坐标参数、测站速度参数、地球自转参数、定轨参数等)的联合估计和轨道综合问题。

本书第 1 章主要介绍 GPS 定位定轨后处理领域国内外研究现状;第 2 章介绍基于坐标模式的广义网平差模型的建立、参数估计以及系统误差处理等问题;第 3 章对参数估计中先验约束的影响进行了详细的分析;第 4 章介绍了基于坐标模式的广义网平差的算法实现;第 5 章重点介绍了基于坐标模式的测站坐标参数、测站速度参数、地球自转参数的估计问题;第 6 章介绍了轨道综合原理及其实现;第 7 章简述了 GPS 精密定位定轨后处理算法需进一步研究的课题与方法。

书中的有关研究内容得到了武汉大学刘经南院士、陶本藻教授的指导和帮助。本书的出版得到了武汉大学刘经南院士、中国科学院测量与地球物理研究所欧吉坤研究员和中国地震局武汉地震研究所徐菊生研究员的推荐。特别要感谢以国家测绘局陈俊勇院士为首的测绘科技专著出版基金管理委员会批准由测绘科技专著出版基金资助本书出版。

由于作者水平有限，错误和不足之处在所难免，恳请读者指正。

作　者

2007 年 6 月

# 目　录

# Contents

# 第1章 绪论

## §1.1 引言

GPS(Global Positioning System),又称全球定位系统,是由美国国防部组织研制和实施的第二代卫星导航系统,它具有全球性、全天候、全方位、连续、快速、实时等高精度的三维导航、定位、授时功能。该系统自从其运行以来,广泛的应用于海、陆、空 3 方面各个部门的导航与定位,对我国的国防建设、经济建设及社会发展的各个领域产生了巨大的影响。

最初,由于选择可用性(Selective Availability,SA)政策的实施,GPS 民用服务的实时定位精度由±15～±30 m 降低到±100 m 左右,静态定位方面,也要比原来的实测时间延长 2～3 倍,才能达到部分设计精度,从而限制了 GPS 应用的广度与深度,随着 SA 政策的取消,这种情况得到了很大的改善。目前欧洲大陆、美国本土等民间组织纷纷建立起研究机构,探索进一步提高 GPS 定位精度的途径,其中最为集中的观点是建立自身的定轨中心,从而可以在美国控制范围以外独立地进行 GPS 的定轨工作,这种需求极大地推动了卫星精密定位定轨技术的发展。此外,对于星载 GPS 低轨卫星(包括重力卫星、遥感卫星等)的定轨是目前国际上研究的一个热点,而我国也计划在不久的将来发射自己的重力卫星,因此对低轨卫星的定轨问题需要重点研究。目前,对卫星轨道的定位精度的要求,已从最初的几十米提高到几厘米。卫星精密定轨技术的研究与应用,是一个国家空间技术水平的重要标志之一。

目前,国际上在此研究领域中处于领先地位的是美国、德国等发达国家。我国科学家在卫星精密定位定轨、卫星地学应用等研究领域,经过几代人的不懈努力探索和研究,积累了丰富的理论基础和研究成果。在 GPS 的应用领域,特别是在利用 GPS 研究中国地壳运动特征方面,近年来我国取得了一批有影响的成果。例如,武汉大学的刘经南教授等人提出利用最小二乘滤波处理随机过程参数的方法求解大气折射参数的新思想。这一方法显著提高了 GPS 精密定位中高程分量的精度,使得从多期 GPS 观测结果中分离出高程分量形变成为可能,从而定量地确定了青藏高原的隆升特征。而王琪教授等利用 GPS 实测技术对中国大陆的水平位移及其受力机制进行了细致的分析,其成果在《Science》上发表,是近年来 GPS 应用研究中最有影响力的成果。然而由于种种原因,未能形成自己的有国际影响力的精密定位定轨及其后处理软件。长期以来，我们进行数据处理和分析所使用的软件基本上依赖于国外，因此我们所做的工作还具有很大的依赖性，不是完全意义上的原始开发，这对GPS技术在我国空间和地学领域的进一步深入发展非常不利。虽然国外一些软件可以提供给我们的科研和教学使用，甚至可以提供比较新的版本的源代码，但是应该清楚地认识到，这些软件虽然能够给我们带来暂时的应用领域的实惠，但也从某种程度上制约了我们在基础领域的深入研究和探索。

卫星精密定轨是卫星技术发展和应用的基础，没有先进的定轨技术和相应的软件为依托来获得高精度轨道，就不可能进行精密定位和开拓其他领域的应用，特别是当前低轨卫星的广泛发展，低轨卫星的精密定轨技术和相应软件的发展显得更加重要。我国卫星定位技术的应用已经有20多年的历史，但是目前卫星精密定位、定轨软件主要还是依靠引进的软件，这种依赖国外软件的状况很难取得突破性的创新成果。卫星精密定位、定轨软件的开发能力和水平决定了我国在国际卫星技术发展和应用中的发言权，因此只依靠国外软件已无法满足我国快速发展的卫星计划的实际需要，也不利于国防安全的保障。所以尽快开发具有我国特色和自主产权的卫星精密定位定轨软件系统是十分必要的。

高精度定位定轨软件是所有应用卫星系统的关键技术之一，随着我国自主开发的“北斗双星”的正常运营，我国第二代的卫星导航定位系统已经进入了顶层设计阶段，而且随着“神舟五号”载人宇宙飞船的发射并成功回收，“神舟六号”、“嫦娥登月”等航天工程成为我国科技发展的新的推动力。随着我国综合国力的增强，一些与国计民生和基础科学研究息息相关的低轨卫星项目（包括遥感卫星、重力卫星、气象卫星等）也正在逐步实施，这些项目都需要利用星载GPS观测或者星间测距观测对低轨卫星进行精密定轨。由此可见，开发具有自主知识产权的多功能的高精度卫星定位定轨及其后处理软件系统具有迫切性。

高精度卫星定位定轨软件系统的研究成果，不但可以使我国科学家充分掌握、深入研究卫星精密定位定轨的理论与技术；而且可以提供一个数据处理基础工具，为今后发展我国航空航天事业及全球定位系统打好基础；同时还可以提供一个研究和开发的平台，从而带动相关理论研究的深入和发展，部分研究成果还可以转化为商业软件，具有长期的科学和应用价值。另外，研究和开发能同时估计多天轨道参数、各类地球动力学模型参数和站坐标参数、站速度参数的广义网平差模型并设计相应的软件系统，对于建立我国的具有世界水平的卫星数据综合处理中心，也具有重要的理论意义和现实意义。

## §1.2 GPS定位定轨后处理研究现状

高精度定位定轨后处理的数据源包括轨道参数、各类地球动力学模型参数、站坐标参数、站速度参数、对流层参数、整周模糊度参数等，各类参数具有复杂的函数相关性和误差相关性，处理起来比较复杂。

在高精度 GPS 定位定轨数据处理方面，美国自 20 世纪 70 年代以来，以巨大的投入发展其精密定位定轨和地球动力学软件系统；近年来德国也不甘落后，由德国地学研究中心（Geo Forschungs Zentrum，GFZ）发展的地球参数及轨道估计系统软件 EPOS，计算精度不断提高；这些软件对空间技术和地学方面的研究作出了重要贡献。欧洲其他国家及日本、印度等也积极致力于本国的低轨卫星计划，应用于军事、科研和民用目的。目前国际上能够很好地实现精密定位与定轨计算的软件主要有美国航空航天局（NASA）的喷气动力实验室（JPL）所发展的 JIPSY-OASIS 软件、美国麻省理工学院（MIT）和 Scripps 研究所（SIO）共同研制发展的 GAMIT 软件、德国地学研究中心发展的 EPOS 软件、瑞士伯尔尼大学的 Bernese 软件等。在对参数的估计方面，一类是采用经典的最小二乘方法，一类是采用滤波的方法（包括卡尔曼滤波、SRIF 滤波等），但不管采用哪类方法，其参数估计结果没有明显的区别。

对高精度定位定轨后处理也有两种基本思路，一种是基于法方程叠加的方法，Bernese 和 EPOS 软件就是按这种方法进行处理的；另一种是基于卡尔曼滤波的方法，这种方法以 GAMIT 的后处理软件 GLOBK 和 GIPSY 软件为代表。两种方法各有千秋，基于法方程叠加的方法实际上是一种序贯最小二乘平差方法，它的优势在于整个公式的推导比较严密，而且通过法方程的叠加可以减少很多的求逆计算，从而提高了计算速度；其缺点在于对状态参数的处理不具有适应性，而卡尔曼滤波方法却能很方便地处理状态参数，而且可以按需要随意增加随机参数，但卡尔曼滤波初值和先验方差的选取比较麻烦，存在发散的问题。总的说来，国外对该领域的应用研究已经比较成熟，并已经通过比较完善的软件予以实现。这些研究成果主要要归功于 D. Dong（《基于空间和地面测量数据联合解的区域变形估计》）、E. Brockman（《GPS 联合解在大地测量和地球动力学方面的应用》）、Beutler（《利用多天连续的单天轨道合成为多天轨道》）等人在理论和应用领域的许多开创性的工作。

由于尚没有自主版权的高精度定位定轨软件，国内对 GPS 定位定轨结果的后处理研究，主要还是集中在对定位结果的后处理上，而对定轨结果的后处理研究尚处于空白。一直以来，GPS 网的平差处理是研究的重点之一，其中武汉大学、同济大学和西安测绘研究所在这一领域具有领先优势。这些研究机构所开发的软件都是以基线向量作为平差的观测值，并按传统的最小二乘方法进行参数估计，它们在粗差定位和处理、系统误差的抵偿方面有各自的特色，但这些软件都只能处理站坐标参数，不具备同时解求多类参数的功能。目前，国内的 GPS 网平差软件的功能比较单一，不能同时处理 GPS、VLBI、SLR 等多类数据。同时现有的软件直接提取基线向量，并不考虑在高精度的基线解算过程中对站坐标所给的先验约束的影响，是一种近似的处理方法。

1989 年，IGS 采用了伯尔尼大学提出的原始数据的标准格式 RINEX (Receiver INdependent EXchange)，实现了 GPS 观测的原始数据格式的统一。1995 年初，IGS 又提出了数据解文件的标准格式 SINEX(Solution INdependent EXchange)，其主要目的是为 GPS 和其他技术以及相互间的联合处理提供标准的统一格式。利用 SINEX 文件进行后继的研究，不仅超越了仪器种类的界限，而且超越了观测值类型的限制。目前 IGS 分析中心每天将全球 IGS 站的数据处理结果以 SINEX 文件的格式在网上发布，用户可以免费下载，这对于进一步深入开展 GPS 等相关研究无疑是非常有效的。利用 SINEX 文件恢复法方程系统，消除先验约束条件，引入系统误差参数，组建新的法方程系统，并进行法方程叠加，这样可以完成不同空间技术(或不同分析中心)的空间大地测量成果在法方程层面上的严密组合。目前国内对 SINEX 文件利用的研究尚不多见，但完全可以预见，就如 RINEX 文件对于 GPS 基线处理的意义一样，利用 SINEX 文件进行相关的深入研究具有非常广阔的前景，也必将推动测量数据的处理向更深层次发展。本书希望通过自己的努力，推动这方面的工作。另一方面，通过我们的努力建立一个国际 IGS 数据处理分中心，是长期以来我们的奋斗目标，要实现这一目标，研制具有自主版权的定位定轨及其后处理软件是必须具备的前提条件。

## §1.3 本书的主要研究内容

卫星精密定位定轨研究实际包含两部分的内容，一部分是利用原始观测数据进行单天基线或单天网点解算以及单天轨道确定；另一部分是后处理部分，即利用单天解的轨道和基线或网处理结果进行轨道综合和参数联合估计。

目前国内的多家研究机构已经逐步认识到开发卫星精密定位定轨及其后处理软件的必要性和迫切性，并已投入了一定的人力和物力开展这方面的研究，但研究重心似乎更侧重于利用原始观测数据进行单天基线解算和轨道确定这一部分，而对卫星精密定位定轨后处理的研究仅仅局限于测站坐标参数和测站速度参数的估计，有关轨道综合、地球自转参数等的估计问题则基本不涉及。

本文研究的内容主要集中在卫星精密定位定轨研究的后处理部分。主要是研究利用基于坐标模式的广义网平差模型，以单天解的轨道和坐标处理结果为观测值，进行轨道综合和多类参数(测站坐标参数、测站速度参数、地球自转参数、定轨参数等)的联合估计问题。具体内容如下：

(1)在对 SINEX 文件结构及其与法方程的相互转换问题进行详细讨论的基础上，提出利用 SINEX 文件作为 GPS 精密定位定轨后处理的主要输入文件。

SINEX 文件作为数据解文件的标准格式文件，包含 GPS、VLBI、SLR 等所提供的基线解算或者是网平差后的点位坐标、点位协方差、点位先验坐标、点位先验方差信息。如果以测站坐标作为平差的观测值，则可以通过 SINEX 文件恢复法方程，通过法方程叠加实现多期、多类、多子网数据的联合处理。

(2)在分析基于基线模式的常用的 GPS 网平差模型的基础上，提出直接以所涉及的测站坐标信息、地球自转参数信息等为观测量的基于坐标模式的广义网平差模型。分析了基于基线模式和基于坐标模式的广义网平差模型之间的相互联系和区别，总结了基于坐标模式的广义网平差模型在处理多类、多期参数中的优越性，概括了其处理的通用方法。在对传统的等价权方法的优缺点进行分析的基础上，提出基于等价方差—协方差的稳健最小二乘估计方法，并用该方法处理基于坐标模式下的广义网平差中的粗差问题。

(3)从随机模型误差和函数模型误差两个方面，对参数估计中先验约束的影响量进行了详细的推导，分析了先验约束值的误差与先验约束方差的误差对参数估计的影响，提出先验约束的消除过程是附加约束的逆过程，从而导出了先验约束消除的算法。

(4)以附加约束条件的间接平差模型为例，推导了附加额外约束条件对平差结果的影响，并以平差后的单位权中误差减小为条件，分析了附加额外约束产生增益的条件，说明附加额外约束条件并不都能提高解的精度。

(5)提出利用参数转换的方法对参数先验初值的统一、参数合并、法方程叠加、新参数的引入、法方程的标准化等基本算法进行统一，对基于坐标模式的广义网平差模型的算法实现所涉及的若干关键问题进行了详细推导，为基于坐标模式的广义网平差的实现提供了理论基础。

(6)重点研究了基于坐标模式的测站坐标参数、测站速度参数、地球自转参数的联合估计问题，并编制了相应的程序。通过算例证明了目前在测站速度的估计中将测站坐标变化假释为匀速运动与客观事实存在差异。利用基于周解的测站坐标序列，采用回归分析的方法建立了测站速度变化的经验模型。提出对于 IGS 跟踪站的速度值，单单用一个线性量去估计它存在偏差，应考虑建立周期性变化模型，或考虑采用分段线性化的方法，每隔一定的时间给出一个对应的速度。

(7)采用轨道叠加的方法，对利用单天解轨道合成多天解轨道的算法进行了详细推导，并通过算例证明了轨道综合对提高轨道产品精度的有效性。特别是在局域定轨中，轨道综合对提高定轨精度的贡献尤其明显。同时，还对严格的基于法方程叠加的轨道综合与简化的动力平滑轨道综合两种处理方法进行了比较分析；对不同分析中心所处理的多天解轨道的综合合成进行了详细分析推导，并将处理的结果与 IGS 分析中心的结果进行比较。

本书的广义网平差模型，是相对常用的只涉及地面测站参数估计的模型而言的，在广义网平差模型下，需同时估计测站坐标参数，测站速度参数、地球动力学参数、地球自转参数、卫星轨道参数。该广义网平差模型可通过基于基线模式的网平差模型实现，亦可通过基于坐标模式的网平差模型实现，但对多类参数的联合估计而言，基于坐标模式的网平差模型在实用上具有优越性。

## §1.4 本章小节

本章详细分析了开发具有自主知识产权的精密定位定轨及其后处理软件系统的必要性和紧迫性，讨论了目前国内外在 GPS 定位定轨后处理领域的研究现状，在分析国内外的研究现状的基础上，提出了本书的研究目的和主要内容。

# 第 2 章　基于坐标模式的广义网平差模型

## §2.1　SINEX 文件格式及其向法方程的转换

为了将 GPS 观测的原始数据格式进行统一，IGS 采用了瑞士伯尔尼大学提出的原始数据的标准格式 RINEX。同样为了便于对不同观测数据进行联合处理，IGS 又提出了数据解文件的标准格式 SINEX，SINEX 文件包含 GPS、VLBI、SLR 等所提供的基线解算或者是网平差后的点位坐标、点位协方差、点位先验坐标、点位先验方差信息，如果以测站坐标作为平差的观测值，则可以通过 SINEX 文件恢复法方程，通过法方程叠加进行多期、多类数据的联合处理。

SINEX 是由 G. Blewitt 所领导的 SINEX 工作组于 1995 年初提出的，经历了 0.04、0.05、1.00、2.00 等多个版本。提出 SINEX 的主要目的是为 GPS 和其他技术以及相互间的联合处理提供标准的统一格式。在 SINEX 文件中包括有关硬件（接收机、天线）及其变化，解结果及其输入文件等信息，这些是进一步分析和解释 GPS 结果所必须的。由于 SINEX 文件中包含相互兼容的输入或输出信息，因此它可以作为后继计算的输入文件。而且 SINEX 文件中包含完整的先验约束信息，在需要时可以予以消除，这样就不必提供多种形式的解文件，如约束解和松弛解等。

SINEX 文件每一行最多有 80 个 ASCII 字符，整个文件再被细分为不同的属性块，每一块都具有固定的格式，而且被附加上块头和块尾，块中包含文件的信息、输入内容、测站以及解部分。在每一行中所有的元素都经过严格定义，在字符域中如果没有任何信息则用"－"标记，如果丢失信息则用"0"标记。这使得 SINEX 文件可以按列或行的顺序进行访问，在应用的过程中，字符域总是左对齐的。

每一行的第一个字符标识该行内容的类型，用于标识的字符有 5 类，其含义如表 2-1 所示。

**表 2-1　字符定义**

| 字符 | 定义 |
|---|---|
| % | 首行和尾行 |
| * | 注释行 |
| ＋ | 每一块中的起始行 |
| － | 每一块中的结束行 |
| 空格 | 每一块中的数据行 |

除了上面的5类字符，每一行的起始不能为其他的字符。SINEX文件必须包含首行和尾行，而且每一块的标题行必须用大写字母表示，整个SINEX文件的结构如下：

```
%=SNX…… (Header line)………|
……                            |
+(BLOCK TITLE)………|           |
……                |           |
……                |           |
……                |           |
-(BLOCK TITLE) ………|           |
……                            |
+(BLOCK TITLE)………|           |
……                |           |
……                |           |
……                |           |
-(BLOCK TITLE)………|           |
……                            |
%ENDSNX…… (Trailer line)………|
```

SINEX文件中定义了如表2-2所示的4部分(文件、输入、测站、解)及17个子块的内容。

表2-2 SINEX文件的基本内容

| 编号 | 类型 | 子块内容 | |
|---|---|---|---|
| 1 | 文件 | FILE/REFERENCE | 参考信息 |
| 2 | | FILE/COMMENT | 注释 |
| 3 | 输入 | INPUT/HISTORY | 历史记录 |
| 4 | | INPUT/FILES | 文件信息 |
| 5 | | INPUT/ACKNOWLEDGEMENTS | 致谢 |
| 6 | 测站 | SITE/ID | 测站标识 |
| 7 | | SITE/DATA | 数据信息 |
| 8 | | SITE/RECEIVER | 接收机信息 |
| 9 | | SITE/ANTENNA | 天线信息 |
| 10 | | SITE/GPS_PHASE_CENTER | GPS相位中心信息 |
| 11 | | SITE/ECCENTRICITY | 偏心信息 |
| 12 | 解 | SOLUTION/EPOCH | 星历信息 |
| 13 | | SOLUTION/STATISTICS | 统计信息 |

续表

| 编号 | 类型 | 子块内容 | |
|---|---|---|---|
| 14 | 解 | SOLUTION/ESTIMATE | 参数估计值 |
| 15 | | SOLUTION/APRIORI | 参数先验值 |
| 16 | | SOLUTION/MATRIX_ESTIMATE {p} {TYPE} | 方差估计值 |
| 17 | | SOLUTION/MATRIX_APPRIORI (p) {TYEP} | 方差先验值 |

注：其中，{p}表示 L 或者 U，{type}表示 CORR 或者 COVA 或者 INFO 或者 SRIF。

目前，在 GPS 的数据处理中，原始数据的标准格式 RINEX 文件已经得到了广泛的应用，由于 RINEX 格式与接收机无关，通过 RINEX 文件可以实现多种不同的 GPS 仪器观测数据的同时处理。实践已经证明，RINEX 格式对 GPS 应用范围的扩展作用显著。

作为数据解文件的标准格式，SINEX 文件与观测值的类型无关。它可以由 GPS、VLBI、SLR 甚至是地面观测值的处理结果得到，利用 SINEX 文件进行后继的研究，不仅超越了仪器种类的界限，而且超越了观测值类型的限制。目前 IGS 分析中心每天将全球 IGS 站的数据处理结果通过 SINEX 文件的形式在网上发布，用户可以免费下载，这对进一步深入开展 GPS 等相关研究无疑是非常重要的。

SINEX 文件作为 IGS 提出的数据解文件标准格式，尽可能多地包含有基线处理过程中所涉及的先验信息和参数估值信息。其中主要有：单位权方差因子 $\hat{\sigma}_0^2$ 、自由度 $f = n - t$ 、参数估值 $\hat{\boldsymbol{x}}$ 、参数方差—协方差矩阵 $\boldsymbol{D}_{\hat{x}}$ 、参数的先验值 $\boldsymbol{X}^0$ 、参数先验方差 $\boldsymbol{D}_{X^0}$ ，以及一些相关的辅助信息。

SINEX 文件的最大优点在于它的存在不依赖于原始的观测数据以及解的过程及解算所用的软件，也就是说，不同的观测模式、不同的处理软件，甚至不同的处理方法所得的结果都可以转化为标准的 SINEX 文件，通过 SINEX 文件的再处理过程即可实现甚长基线干涉测量(Very Long Baseline Interferometry，VLBI)、卫星激光测距(Satellitte Lases Ranging，SLR)、GPS 以及地面常规观测值等多类观测值的联合处理。SINEX 文件的另外一个优势在于利用它所包含的信息可以恢复法方程，通过法方程的叠加处理可简化后处理计算。

下面具体说明由 SINEX 文件所包含的单位权方差因子 $\hat{\sigma}_0^2$、自由度 $f = n - t$、参数估值 $\hat{\boldsymbol{x}}$、参数方差 — 协方差矩阵 $\boldsymbol{D}_{\hat{x}}$、以及参数的先验值 $\boldsymbol{X}^0$、参数先验方差 $\boldsymbol{D}_{X^0}$ 等恢复法方程的过程，其步骤如下：

(1)计算法方程系数矩阵 $\boldsymbol{N}$：$\boldsymbol{N} = \left(\dfrac{D_{\hat{x}}}{\hat{\sigma}_0^2}\right)^{-1}$ 。

(2)计算法方程常数矩阵 $\boldsymbol{b}$：$\boldsymbol{b} = \boldsymbol{N}\hat{\boldsymbol{x}}$ 。

(3)计算二次型 $\boldsymbol{V}^{\mathrm{T}}\boldsymbol{PV}$：$\boldsymbol{V}^{\mathrm{T}}\boldsymbol{PV} = \hat{\sigma}_0^2(n - t)$ 。

(4)计算二次型 $\boldsymbol{l}^{\mathrm{T}}\boldsymbol{P}\boldsymbol{l}$：$\boldsymbol{l}^{\mathrm{T}}\boldsymbol{P}\boldsymbol{l} = \boldsymbol{V}^{\mathrm{T}}\boldsymbol{P}\boldsymbol{V} + \boldsymbol{b}^{\mathrm{T}}\hat{\boldsymbol{x}} = \hat{\sigma}_0^2(n-t) + \boldsymbol{b}^{\mathrm{T}}\hat{\boldsymbol{x}}$ 。

(5)计算参数值 $\hat{\boldsymbol{X}}$：$\hat{\boldsymbol{X}} = \boldsymbol{X}^0 + \hat{\boldsymbol{x}}$ 。

注意此时所恢复的法方程仍然包含有先验约束影响部分，至于先验约束的消除方法，将在第3章中详细论述。

## §2.2 基于基线模式的GPS网平差模型

现有的以单天基线解为观测值的基于基线模式的GPS网平差处理，其通用的函数模型可写为

$$\begin{bmatrix} \boldsymbol{V}_{\Delta X} \\ \boldsymbol{V}_{\Delta Y} \\ \boldsymbol{V}_{\Delta Z} \end{bmatrix}_{ij} = -\begin{bmatrix} \hat{X}_i \\ \hat{Y}_i \\ \hat{Z}_i \end{bmatrix} + \begin{bmatrix} \hat{X}_j \\ \hat{Y}_j \\ \hat{Z}_j \end{bmatrix} - \begin{bmatrix} \Delta X_{ij} - \Delta X_{ij}^0 \\ \Delta Y_{ij} - \Delta Y_{ij}^0 \\ \Delta Z_{ij} - \Delta Z_{ij}^0 \end{bmatrix} \tag{2-1}$$

其中，

$\begin{bmatrix} \Delta X_{ij}^0 \\ \Delta Y_{ij}^0 \\ \Delta Z_{ij}^0 \end{bmatrix} = \begin{bmatrix} X_j^0 - X_i^0 \\ Y_j^0 - Y_i^0 \\ Z_j^0 - Z_i^0 \end{bmatrix}$，$[X_i^0 \quad Y_i^0 \quad Z_i^0]^{\mathrm{T}}$ 和 $[X_j^0 \quad Y_j^0 \quad Z_j^0]^{\mathrm{T}}$ 分别为 $i$、$j$ 两点的近似坐标；$[\Delta X_{ij} \quad \Delta Y_{ij} \quad \Delta Z_{ij}]^{\mathrm{T}}$ 为基线向量观测值；$[\boldsymbol{V}_{\Delta X} \quad \boldsymbol{V}_{\Delta Y} \quad \boldsymbol{V}_{\Delta Z}]_{ij}^{\mathrm{T}}$ 为基线向量改正数；$[\hat{X}_i \quad \hat{Y}_i \quad \hat{Z}_i]^{\mathrm{T}}$ 和 $[\hat{X}_j \quad \hat{Y}_j \quad \hat{Z}_j]^{\mathrm{T}}$ 分别表示 $i$、$j$ 两点的坐标从近似值到平差值的改正数。

相应的随机模型为

$$\boldsymbol{\Sigma} = \begin{bmatrix} \Sigma_1 & & \text{对} & \\ \Sigma_{21} & \Sigma_2 & & \text{称} \\ \vdots & \vdots & \ddots & \\ \Sigma_{n1} & \Sigma_{n2} & \cdots & \Sigma_n \end{bmatrix}, \quad \boldsymbol{\Sigma}_i = \begin{bmatrix} \Sigma_{\Delta X} & \text{对} & \\ \Sigma_{\Delta Y \Delta X} & \Sigma_{\Delta Y} & \text{称} \\ \Sigma_{\Delta Z \Delta X} & \Sigma_{\Delta Z \Delta Y} & \Sigma_{\Delta Z} \end{bmatrix} \tag{2-2}$$

式中，$\boldsymbol{\Sigma}$ 为全部 $n$ 条基线的全协方差矩阵，$\boldsymbol{\Sigma}_i$ 为第 $i$ 条基线的协方差矩阵，$\boldsymbol{\Sigma}_{ij}$ 为第 $i$ 条基线和第 $j$ 条基线的互协方差矩阵。对于使用GPS商用软件进行基线解算而言，其基线解的互协方差矩阵 $\boldsymbol{\Sigma}_{ij} = 0$，对于使用GAMIT等科研软件进行基线解算而言，其基线解的互协方差矩阵 $\boldsymbol{\Sigma}_{ij} \neq 0$。

## §2.3 基于坐标模式的广义网平差模型

所谓的基于坐标模式的参数估计，是针对常用的基于基线模式的参数估计而言的，也就是说，平差的观测值是点的坐标及其全协方差矩阵，而不是传统的基线向量及其协方差矩阵。

众所周知，GPS广泛地应用于大规模的测量控制网的建立和区域坐标框架的维护等基础测绘工作中，这必然涉及不同时期、不同规模的GPS网观测结果的联结和GPS网观测结果与常规地面观测结果的统一处理问题。由于各GPS子网或附加的地面观测值可能已经经过平差处理，其平差后的测站坐标和协方差是已知的，而原始观测信息没有保留，因此传统的以基线为观测量的平差方法不一定方便处理，而以坐标为平差观测量进行处理反而更能方便地利用已有的信息和结果。

其次，自20世纪70年代以来，天文大地网与空间网联合平差一直是大地测量研究的重要课题之一，联合平差的主要目的是利用空间网加强天文大地网和建立地心坐标系。洲级或者国家级大地网联合平差的例子首推70年代到80年代北美大地网重新平差和欧洲三角网重新平差(第三阶段)，其次应推俄罗斯1995—1996年进行的卫星网与天文大地网的联合平差，作为这些平差的结果，建立了大地测量基准NAD83、ED87和SK—95。

20世纪90年代初，我国基于上述考虑，提出天文大地网与空间网的联合平差方案。主要依据是截止到70年代，我国已建成包括5 000 km特级导线在内的全国天文大地网，1982年完成的包括约5万个点的全国天文大地网的整体平差为大规模平差积累了经验，90年代初基本建成的国家大地网数据库为联合平差提供了重要的支撑。自1992年以来，我国先后建立了多个大尺度的高精度GPS网，包括国家高精度GPS A级网、中国地壳运动GPS监测网、青藏高原地壳形变监测网、华北网、东南沿海GPS网、新疆网等，特别是随着“2000国家GPS大地控制网”项目的完成，目前我国已经有2 800多个高精度的GPS网点，这些空间数据网的建立成为联合平差的基础。

联合平差的过程如下：对于空间大地网，选择经过平差的空间三维坐标作为虚拟观测量，对于天文大地网，选择直接地面观测量作为观测量。具体地说，就是对地面观测量采取二维建模，对空间网坐标采取三维建模。广义上讲，即采用分期平差方法：首先进行空间大地网单独平差，得到空间网的坐标及其协方差矩阵，然后将空间网作为相关观测量与地面网联合平差。在联合平差中，采用参数加权的平差方法进行处理。

事实上，这种处理过程与其说是联合平差，倒不如说是利用空间观测结果进行地面网的改造更符合实际，因为它的实质是将空间网的观测结果作为一种带权(方差—协方差)的约束基准引入，然后对地面观测值进行平差处理。一种替代的方法是直接对空间网的平差结果和地面网的平差结果进行联合平差处理，它不涉及地面观测值，其实质是对空间网和地面观测网的平差结果进行再合成，空间网和地面网通过公共点进行联结，可以想象，这样的处理将大大简化计算。

同时，对于高精度GPS定位定轨后处理而言，需同时求解测站坐标参数、测站速度参数、地球动力学参数、轨道参数等多类参数。在法方程的构建以及法方程叠加过程中，采用基于坐标模式的处理方法较基于基线模式的处理方法要方便得多。

基于坐标模式的广义网平差函数模型为

$$\begin{bmatrix} \boldsymbol{V}_X \\ \boldsymbol{V}_{EOP} \\ \boldsymbol{V}_{ORB} \\ \boldsymbol{V}_{RAD} \\ \vdots \end{bmatrix} = \begin{bmatrix} \hat{\boldsymbol{X}} \\ \hat{\boldsymbol{E}} \\ \hat{\boldsymbol{O}} \\ \hat{\boldsymbol{R}} \\ \vdots \end{bmatrix} - \begin{bmatrix} \boldsymbol{X} \\ \boldsymbol{E} \\ \boldsymbol{O} \\ \boldsymbol{R} \\ \vdots \end{bmatrix} \tag{2-3}$$

其中：

$\hat{\boldsymbol{X}}$、$\hat{\boldsymbol{E}}$、$\hat{\boldsymbol{O}}$、$\hat{\boldsymbol{R}}$ 为待估参数向量，$\hat{\boldsymbol{X}}$ 表示测站坐标参数类的估计值向量，$\hat{\boldsymbol{E}}$ 表示地球自转参数类的估计值向量，$\hat{\boldsymbol{O}}$ 表示轨道根数类的估计值向量，$\hat{\boldsymbol{R}}$ 表示地球动力学参数类的估计值向量。

$\boldsymbol{X}$、$\boldsymbol{E}$、$\boldsymbol{O}$、$\boldsymbol{R}$ 为“虚拟的直接观测值”向量，$\boldsymbol{X}$ 表示基线解算后所得的测站坐标值向量，$\boldsymbol{E}$ 表示基线解算所估计的地球自转参数向量，$\boldsymbol{O}$ 表示由原始相位观测值进行定轨所得的轨道根数向量，$\boldsymbol{R}$ 表示定轨过程中所估计的地球动力学参数向量。

$\boldsymbol{V}_X$ 为测站坐标参数改正数向量，$\boldsymbol{V}_{EOP}$ 为地球自转参数改正数向量，$\boldsymbol{V}_{ORB}$ 轨道根数改正数向量，$\boldsymbol{V}_{RAD}$ 为地球动力学参数改正数向量。

基于坐标模式的广义网平差模型的提出是相对于基于基线模式的 GPS 网平差模型而言的，其实质在于将基线解算或轨道确定后所得到的各类待估参数值及其方差—协方差信息作为“直接虚拟观测值”进行平差处理。在此情况下，误差方程的系数矩阵为单位矩阵，法方程的重构相对简单。

基于坐标模式的广义网平差模型所处理的参数，其来源有两类：一类是 SINEX 文件中本身所包含的参数，另一类是由 SINEX 文件中所包含的参数派生出来的参数。

对于 SINEX 文件中本身所包含的参数，主要包括测站坐标参数、地球自转参数、地球动力学参数、轨道参数等，这些参数被作为“直接虚拟观测值”通过 SINEX 文件所转化的法方程进行叠加，通过引入合理的约束条件（比如边界连续条件）进行统一求解。对于可以由 SINEX 文件中所包含的参数派生出来的参数，比如测站速度参数等，可以通过后文所介绍的参数转换的方法将其引入到法方程之中，进行统一求解。

## §2.4 基于坐标模式的广义网平差参数估计

为了增加普遍适用性，基于坐标模式的广义网平差模型从 SINEX 文件着手，基于坐标模式的广义网平差参数估计基本按如下方案进行：

（1）对基线处理所得到的测站坐标及其全协方差矩阵进行处理，消除先验约束的影响，得到松弛解。

(2)将消除了先验约束影响的松弛解作为虚拟观测值，通过参数转换，对不同的空间子网，或者是不同空间子网与地面网进行联合的自由网处理。

(3)引入基准条件，进行基准的转换和统一，从而得到最终结果。

对于基准条件的引入，有两种不同的处理方法：一种是将基准信息作为约束条件或者直接虚拟观测值引入到法方程叠加过程中，进行参数估计；另一种方法是在加入基准条件之前先进行无约束平差，然后通过赫尔默特参数转换的方法将无约束平差的结果转换到约束基准下。需要说明的是，如果将基准信息作为固定约束条件，则基准点的平差坐标与所引入的基准一致，基准信息的误差将被分配到非基准点上，而采用赫尔默特参数转换的方法，则基准点的平差坐标与所引入的基准可以存在微小差别，其差的平方和最小，此时能最大限度地保持整网的协调性。

整个处理过程的基本流程如图 2-1 所示。

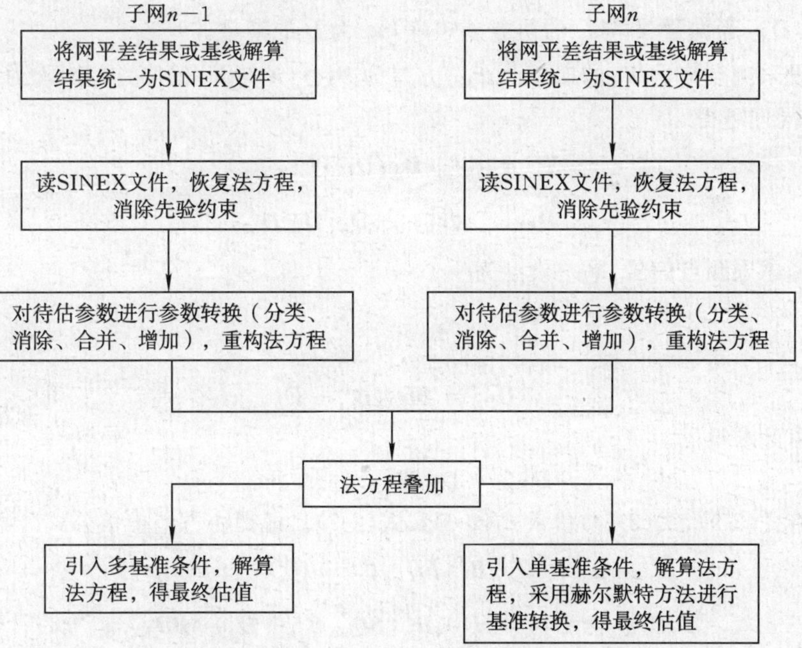


图 2-1　基于坐标模式的广义网平差参数估计流程

## §2.5　坐标模式下的广义网平差原理

如果以测站的坐标及其全协方差矩阵作为观测量，在基于坐标模式下的广义网平差中，其平差原理即为协方差推估方法。

协方差推估由 Moritz 首先提出，应用于重力异常推估，继后 Krarup 提出配置理论，将平差模型参数扩展至随机参数，是平差理论在 20 世纪 60 年代的一个重大进展。协方差推估是在已知已测点信号、已测点和未测点信号间的方差—协方差情况下，由已测点信号推估未测点信号的方法。除用于推估重力场元素外，在坐标转换、控制网平差连接等方面也得到应用。协方差推估是一种统计方法，其原理如下：

设 $\boldsymbol{X}$ 为已测点信号，已知其先验期望 $\boldsymbol{E}(\boldsymbol{X})=\boldsymbol{\mu}_X$，先验方差 $\boldsymbol{D}(\boldsymbol{X})=\boldsymbol{D}_{XX}$，为求 $\boldsymbol{X}$ 的估值，观测向量 $\boldsymbol{L}$，由这组 $\boldsymbol{L}$ 可按一定概率取得信号 $\boldsymbol{X}$ 的不同估值 $\hat{\boldsymbol{X}}$，其中最佳估值的条件概率密度 $f(\hat{\boldsymbol{X}}/\boldsymbol{L})$ 应为极大值，这就是极大验后估计原则。极大验后估计为

$$\hat{\boldsymbol{X}}=\boldsymbol{\mu}_X+\boldsymbol{D}_{XL}\boldsymbol{D}_{LL}^{-1}(\boldsymbol{L}-\boldsymbol{\mu}_L) \tag{2-4}$$

$$\boldsymbol{D}_{\hat{X}\hat{X}}=\boldsymbol{D}_{XX}-\boldsymbol{D}_{XL}\boldsymbol{D}_{LL}^{-1}\boldsymbol{D}_{LX} \tag{2-5}$$

其中，$\boldsymbol{D}_{XL}$ 为向量 $\boldsymbol{X}$ 与 $\boldsymbol{L}$ 的协方差矩阵，$\boldsymbol{\mu}_L$ 为 $\boldsymbol{L}$ 的期望。

设未测点信号 $\boldsymbol{X}'$ 的期望为 $\boldsymbol{\mu}_{X'}$，方差为 $\boldsymbol{D}_{X'X'}$，$\boldsymbol{X}$ 与 $\boldsymbol{X}'$ 的协方差矩阵为 $\boldsymbol{D}_{XX'}=\boldsymbol{D}_{X'X}^{\mathrm{T}}$。同理可得

$$\boldsymbol{X}'=\boldsymbol{\mu}_{X'}+\boldsymbol{D}_{X'L}\boldsymbol{D}_{LL}^{-1}(\boldsymbol{L}-\boldsymbol{\mu}_L) \tag{2-6}$$

$$\boldsymbol{D}_{\hat{X}'\hat{X}'}=\boldsymbol{D}_{X'X'}-\boldsymbol{D}_{X'L}\boldsymbol{D}_{LL}^{-1}\boldsymbol{D}_{LX'} \tag{2-7}$$

考虑未测点信号，平差模型为

$$\boldsymbol{L}=[\boldsymbol{B}\quad 0]\begin{bmatrix}\boldsymbol{X}\\ \boldsymbol{X}'\end{bmatrix}+\boldsymbol{\Delta} \tag{2-8}$$

$$\boldsymbol{D}_{LL}=\boldsymbol{B}\boldsymbol{D}_{XX}\boldsymbol{B}^{\mathrm{T}}+D_{\Delta} \tag{2-9}$$

由此求得

$$\boldsymbol{D}_{X'L}=\boldsymbol{D}_{X'X}\boldsymbol{B}^{\mathrm{T}},\ \boldsymbol{\mu}_L=\boldsymbol{B}\boldsymbol{\mu}_X \tag{2-10}$$

将式(2-9)、式(2-10)代入式(2-6)和式(2-7)。即得协方差推估公式

$$\hat{\boldsymbol{X}}'=\boldsymbol{\mu}_{X'}+\boldsymbol{D}_{X'X}\boldsymbol{B}^{\mathrm{T}}(\boldsymbol{B}\boldsymbol{D}_{XX}\boldsymbol{B}^{\mathrm{T}}+\boldsymbol{D}_{\Delta})^{-1}(\boldsymbol{L}-\boldsymbol{B}\boldsymbol{\mu}_X) \tag{2-11}$$

$$\boldsymbol{D}_{\hat{X}'\hat{X}'}=\boldsymbol{D}_{X'X'}-\boldsymbol{D}_{X'X}\boldsymbol{B}^{\mathrm{T}}(\boldsymbol{B}\boldsymbol{D}_{XX}\boldsymbol{B}^{\mathrm{T}}+\boldsymbol{D}_{\Delta})^{-1}\boldsymbol{B}\boldsymbol{D}_{XX'} \tag{2-12}$$

由此可见，如果将所引入的约束作为已测点信号 $\boldsymbol{X}$，将其他的点作为未测点信号 $\boldsymbol{X}'$，已测点和未测点之间协方差矩阵为 $\boldsymbol{D}_{XX'}=\boldsymbol{D}_{X'X}^{\mathrm{T}}$，按式(2-11)、式(2-12)即可求出 $\boldsymbol{X}'$ 的估值和方差。

在坐标模式下的广义网平差中，将所引入的外部基准作为已测点信号 $\boldsymbol{X}$，将其他的点作为未测点信号 $\boldsymbol{X}'$，已测点和未测点之间通过测站坐标的全协方差矩阵进行联系，按式(2-11)、式(2-12)即可求出所有待定点的估值和方差。

# §2.6　坐标模式下的粗差问题

## 2.6.1 粗差的影响分析

测量数据处理是对一组含有误差的观测值，依一定的数学模型，按某种估计准则，求出未知参数的最优估值，并评定其精度。选择和确定数学模型是其核心，数学模型包括函数模型和随机模型两个方面。

在数据处理时，考虑粗差产生的原因及其影响，可将粗差归为函数模型，也可归为随机模型。将粗差归为函数模型，粗差即表现为观测量误差绝对值较大且偏离群体；将粗差归为随机模型，粗差即表现为先验随机模型和实际随机模型的差异太大。

将粗差归为函数模型，可解释为均值漂移模型，其处理的思想是在正式进行最小二乘平差之前探测和定位粗差，然后剔除含粗差的观测值，得到一组比较净化的观测值，以便符合最小二乘平差观测值只含有偶然误差的条件（如 Baarda 的数据探测法）；而将粗差归为随机模型，可解释为方差膨胀模型，其处理的思想是根据逐次迭代平差的结果来不断地改变观测值的权或方差—协方差，最终使粗差观测值的权趋于零或使方差—协方差趋于无穷大，这种方法可以保证所估计的参数少受模型误差，特别是粗差的影响（如稳健估计法）。

在数据处理时，若将观测值的函数模型和随机模型结合起来考虑，可以认为粗差在测量平差中的影响是：只有当观测量严重偏离其真实值（实际精度差），且其实际精度（方差—协方差）与所给出的先验精度（先验方差—协方差）不相匹配（亦即先验精度高）时，粗差对测量平差结果才会产生破坏性的影响。这里，实际精度指的是某一观测量本身的真实精度，先验精度指在平差处理之前所提供的观测量所应达到的理论精度。

实际误差的处理，有如下几种情况：

(1)观测量的实际精度很差，表现为观测量误差绝对值较大，而我们却给出很高的先验精度。

(2)观测量的实际精度很高，表现为观测量误差绝对值较小，而我们却给出很低的先验精度。

(3)观测量的实际精度很差，表现为观测量误差绝对值较大，我们给出与实际精度相匹配的很低的先验精度。

(4)观测量的实际精度很高，表现为观测量误差绝对值较小，我们给出与实际精度相匹配的很高的先验精度。

前两种情形的共性是不管实际精度如何，其先验精度总与实际精度不一致，而后两种情形的共性却是不管实际精度如何，其先验精度总与实际精度相一致。根据前面对误差影响的认识可知：第一种情形是我们通常意义上的粗差，由于它的存在可能对平差结果产生破坏性影响，因而是我们目前粗差研究的重点；而对第二种情形，平差时该观测量不能发挥主导作用，其主要的影响是导致估计效率的降低，并不会使平差结果产生破坏性影响；对于第三、第四种情形，由于其先验精度总与实际精度相一致，因此它也不可能对平差结果产生破坏性影响，所以在目前的误差研究中，这两种情况往往被忽略。

## 2.6.2 相关观测中的粗差探测

自 Baarda(1968)提出粗差探测理论以来，测绘界至今从未停止过研究。特别是近二十年来，随着测量数据采集的现代化、自动化和高速化，使测量界逐渐认识到粗差也是一种不可避免的观测误差，研究的力度大为加强。

对基于坐标模式下的广义网平差而言，其平差的观测量多为经过处理后的待估参数及其协方差矩阵，这些经过处理的待估参数彼此之间是误差相关的，假如以经过处理后的待估参数及其协方差矩阵作为虚拟观测值，则平差的观测量为完全的相关观测量。这一点和传统的平差模式存在区别，传统的平差模式下的观测量大多以独立观测量为主，包含少部分的相关观测值，而坐标模式下的广义网平差则以相关观测量的网平差处理为主。因此，研究基于坐标模式下的广义网平差的粗差问题，主要也就是研究相关观测的粗差探测与处理问题。

现有的粗差分析方法在实用上多限定于处理独立观测量的单个或多个粗差，而对于相关观测量的多粗差处理问题，被认为是一个难题。

Baarda 粗差探测理论，主要研究了粗差探测统计量的分布、数据探测、粗差的估计和大地网的可靠性理论等。此后 Koch、Pelzer 等学者对多维粗差的探测方法作了较多研究，我国学者李德仁(1988)提出了多维粗差的可区分性理论，为粗差理论的研究扩展了思路。於宗俦、李明峰(1996)直接从最小二乘平差系统中观测误差与其残差的关系式出发，提出了一种多维粗差的同时定位定值方法。欧吉坤(1999)给出了探测粗差的拟准检定法。施闯(1999)结合国家高精度 GPS 网数据处理课题，针对相关观测的粗差探测，提出了一种基于相关分析的粗差探测理论，为多维相关观测粗差的探测开辟了一条与上述方法不同的途径。其特点是定义了测量误差作用于残差的影响向量，利用影响向量间的相关系数定位粗差。

在最小二乘平差系统中，$\boldsymbol{\varepsilon}$ 与 $\boldsymbol{V}$ 的关系式为

$$-\underset{n,1}{\boldsymbol{V}} = \boldsymbol{Q}_{VV}\boldsymbol{P}\underset{n,1}{\boldsymbol{\varepsilon}} = \boldsymbol{R}\underset{n,1}{\boldsymbol{\varepsilon}} \tag{2-13}$$

式中 $\boldsymbol{R}$ 为可靠性矩阵，$\boldsymbol{V}$ 是观测值改正数向量，$\boldsymbol{P}$ 为观测量的权矩阵，$\boldsymbol{Q}_{VV}$ 是观测值改正数的协因数矩阵，$\boldsymbol{\varepsilon}$ 是观测值误差向量。将式(2-13)展开得

$$-\begin{bmatrix} v_1 \\ v_2 \\ \vdots \\ v_n \end{bmatrix} = \boldsymbol{R\varepsilon} = \begin{bmatrix} r_{11} \\ r_{21} \\ \vdots \\ r_{n1} \end{bmatrix} \varepsilon_1 + \begin{bmatrix} r_{12} \\ r_{22} \\ \vdots \\ r_{n2} \end{bmatrix} \varepsilon_2 + \cdots + \begin{bmatrix} r_{1n} \\ r_{2n} \\ \vdots \\ r_{nn} \end{bmatrix} \varepsilon_n \tag{2-14}$$

令

$$\boldsymbol{F}_i = [r_{1i} \quad r_{2i} \quad \cdots \quad r_{ni}]^{\mathrm{T}}, (i = 1, 2, \cdots, n)$$

则有

$$\varepsilon_1 \boldsymbol{F}_1 + \varepsilon_2 \boldsymbol{F}_2 + \cdots + \varepsilon_n \boldsymbol{F}_n = -\boldsymbol{V} \tag{2-15}$$

称 $\boldsymbol{F}_i$ 为观测量 $i$ 的误差 $\varepsilon_i$ 对改正数向量 $\boldsymbol{V}$ 的影响向量。$\boldsymbol{F}_i$ 由平差系统的结构矩阵 $\boldsymbol{A}$ 和权矩阵 $\boldsymbol{P}$ 所决定，反映了观测量 $l_i$ 的误差 $\varepsilon_i$ 对改正数向量 $\boldsymbol{V}$ 的内在影响关系和作用程度。

由式(2-15)可以看出：观测量的改正数向量 $\boldsymbol{V}$ 可以表示为 $\boldsymbol{\varepsilon}_i\boldsymbol{F}_i (i = 1, 2, \cdots, n)$ 的向量和；各观测量的误差 $\varepsilon_i$ 在其影响向量 $\boldsymbol{F}_i$ 的作用下反映于改正数向量 $\boldsymbol{V}$ 之中，即 $\varepsilon_i$ 通过 $\boldsymbol{F}_i$ 作用于 $\boldsymbol{V}$ 中，而 $\boldsymbol{F}_i$ 起到了对 $\varepsilon_i$ 的缩放作用。

当某观测量出现粗差时，无论是将其归于函数模型还是随机模型的误差，都将表现为该观测量的 $\|\varepsilon_i \boldsymbol{F}_i\|_2$ 值较大，且在式(2-15)左半部分各项中占有优势。这时，改正数向量 $\boldsymbol{V}$ 将突出地表现为与该观测量的影响向量 $\boldsymbol{F}_i$ 有较强的相关性。

当 $\boldsymbol{\varepsilon}$ 中不含粗差时，$\boldsymbol{\varepsilon}$ 中各分量对 $\boldsymbol{V}$ 的影响不显著，$\boldsymbol{V}$ 是一组偶然误差的线性组合，呈现偶然性。现在的问题是改正数向量 $\boldsymbol{V}$ 中包含了粗差影响，要检验粗差来自哪些观测量。如果含有一个粗差 $\varepsilon_i$，一般通过 $\boldsymbol{F}_i$ 的作用，$\boldsymbol{F}_i\varepsilon_i$ 会显著影响 $\boldsymbol{V}$ 的大小并改变其随机性质。从统计意义而言，此时 $\boldsymbol{F}_i$ 与 $\boldsymbol{V}$ 相对地具有较强的相关性，相关程度高低在一定程度上反映了 $\boldsymbol{F}_i\varepsilon_i$ 对 $\boldsymbol{V}$ 的作用大小，从而为识别粗差提供了一个途径。

$\boldsymbol{F}_i$ 与 $\boldsymbol{V}$ 的相关性可用相关系数度量

$$\rho_{F_iV} = \frac{\sigma_{F_iV}}{\sigma_{F_i}\sigma_V} \tag{2-16}$$

其估值为

$$\hat{\rho}_{F_iV} = \frac{\sum_{j=1}^{n} (r_{ji} - \bar{r}_i)(v_j - \bar{v})}{\left(\sum_{j=1}^{n} (r_{ji} - \bar{r}_i)^2 \sum_{j=1}^{n} (v_j - \bar{v})^2\right)^{\frac{1}{2}}} \tag{2-17}$$

式中 $\bar{r}_i = \frac{1}{n}\sum_{j=1}^{n} r_{ji}$，$\bar{v} = \frac{1}{n}\sum_{j=1}^{n} v_j$。

计算 $\hat{\rho}_{F_iV}$，进行相关系数统计检验。选取显著水平 $\alpha$，如果 $\hat{\rho}_{F_iV} > \rho_\alpha$，则相关性显著，可认为 $\varepsilon_i$ 为粗差的可能性较大，反之 $\hat{\rho}_{F_iV} < \rho_\alpha$，则 $\varepsilon_i$ 为粗差的可能性较小。

当观测量中含有多个粗差时,改正数向量 $\boldsymbol{V}$ 的变化规律将表现为这些粗差对其影响的叠加。各粗差观测量的 $\boldsymbol{F}_i$ 都将显示出与 $\boldsymbol{V}$ 有着相对显著的相关性,相关性的大小取决于粗差个数、分布和粗差值的大小。当相关观测量中含有多个粗差时,只要粗差是可测的,通过 $\rho_{F_iV}$ 仍能分析出粗差所在的位置。

### 2.6.3 相关观测中的粗差处理

统计学家根据大量数据分析指出,在生产实践和科学实验中,粗差出现的概率约为1%～10%(Huber,1981),粗差往往带来不良的后果,影响结论的正确性。测量中常用的最小二乘法,对含粗差的观测量相当敏感,个别粗差就会对参数的估值产生较大的影响。稳健估计也有人称之为抗差估计,正是针对最小二乘法抗误差干扰性差这一缺陷提出的,其目的在于构造某种估计方法,使其对于模型误差,特别是粗差具有较强的抵抗能力。

基于1964年Huber所提出的M估计理论,丹麦的Krarup和Kubik等人于1980年将稳健估计理论引入测量界,并提出了著名的"丹麦法"。德国的Caspary和Borutta也作了一系列的应用研究,如稳健估计在形变模型中的应用,位置参数和标准差因子同时求解的稳健估计问题等。我国学者周江文教授、李德仁教授、杨元喜教授等对这种方法进行了大量的深入研究。其中周江文教授提出等价权的概念,利用等价权将M估计化为最小二乘估计,使稳健估计以业已存在的简便的算式在测量计算中得以实现;李德仁教授提出基于选择权迭代法处理粗差的"李德仁法";杨元喜教授首先研究了相关观测的稳健估计问题,提出了相关等价权的概念,并构造了有实用价值的相关等价权函数。以上这些研究都是稳健估计在测量应用中的重要进展,但需要指出的是,对于独立观测的稳健估计,目前的研究从理论到实践都很完备,而对于相关观测量的稳健估计,目前的研究才刚刚起步,还有大量的理论和方向问题需要我们去探索解决。

**1. 基于等价权的稳健估计在相关观测中应用的局限性**

M估计是稳健估计的基本估计类型之一,且在测绘界广泛应用,从M估计着手,许多学者推导了许多的相关等价权函数,其中应用最为广泛的是IGGIII方案,IGGIII方案的相关等价权函数为

$$\bar{P}_{ij}=\left.\begin{cases} P_{ij} & |V_j/\sigma|<K_0 \\ P_{ij}\dfrac{K_0}{|V_j/\sigma|}\left[\dfrac{K_1-|V_j/\sigma|}{K_1-K_0}\right] & K_0\leqslant|V_j/\sigma|<K_1 \\ 0 & |V_j/\sigma|\geqslant K_1 \end{cases}\right\} \tag{2-18}$$

式中,$K_0=1.0\sim1.5$,$K_1=2.5\sim3.0$。

常用的相关等价权函数都是基于 $P_{ij}$ 反映了观测量间的相关性这一前提,而且在构造相关等价权函数时没有顾及观测量之间相关性的不变性,因此现有的相

关等价权函数一般会存在以下几个问题：

(1)满足稳健估计规则的相关等价权通常都是非对称的，这种非对称性会给平差计算带来困难并与实际情况不符。

(2) $P_{ij}$ 并不能直观地反映观测量之间的相关性，反映观测量之间相关性的是相关系数 $\rho_{ij}$，而 $\rho_{ij}$ 由方差—协方差矩阵确定。

(3)若不考虑相关系数 $\rho_{ij}$，则对 $P_{ij}$ 的调整会直接改变观测量的相关性，而观测值的相关性仅取决于观测量本身的几何物理结构，不能随意更改。

**2. 基于等价方差—协方差的稳健最小二乘估计**

实际上，如果将粗差归为随机模型，它表现为粗差观测量的先验方差 $\sigma_{ii}^2$ 与其实际方差 $\tilde{\sigma}_{ii}^2$ 之间有较大的差异，则可以解释为方差膨胀模型(见图 2-2)，此时可以通过扩大异常观测的方差来控制粗差的影响。基于这种考虑，特提出基于等价方差—协方差的稳健最小二乘估计方法，具体是根据逐次迭代平差的结果来不断地扩大观测值的方差—协方差，使粗差观测量的先验方差 $\sigma_{ii}^2$ 与其实际方差 $\tilde{\sigma}_{ii}^2$ 相匹配，以减少粗差的影响。

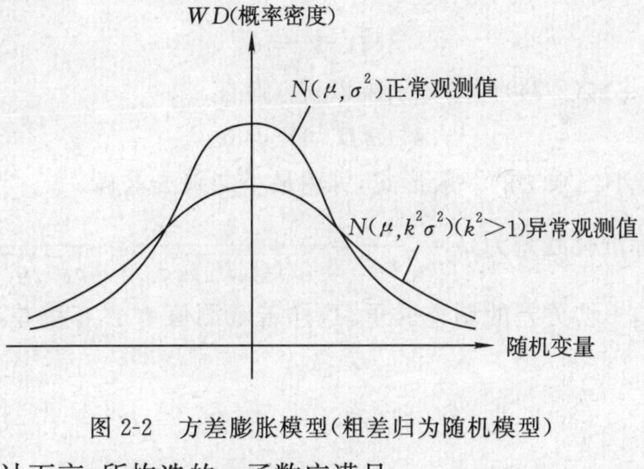


图 2-2　方差膨胀模型(粗差归为随机模型)

对于 $M$ 估计而言，所构造的 $\rho$ 函数应满足

$$\Omega = \sum_{i=1}^{n} \rho(X, L_i) = \min \tag{2-19}$$

顾及先验方差—协方差，$\rho$ 函数应满足

$$\Omega = \sum_{i=1}^{n} \boldsymbol{D}^{-1} \rho(X, L_i) = \min \tag{2-20}$$

对于多维 $M$ 估计，其极值函数可表述为

$$\sum_{i=1}^{n} \sum_{j=1}^{n} \boldsymbol{D}_{ij}^{-1} \rho(v_i, v_j) = \min \tag{2-21}$$

注意这里用的是方差的逆矩阵，主要是考虑到后面利用最小二乘求解的方便。

对式(2-21)求导,并令其为零,同时记 $\varphi_i(v_i,v_j)=\dfrac{\partial}{\partial v_i}\rho(v_i,v_j)$ ,则有

$$\sum_{i=1}^{n}\sum_{j=1}^{n}\boldsymbol{D}_{ij}^{-1}\varphi_i(v_i,v_j)a_i=0 \tag{2-22}$$

注意上式中省略了对 $v_j$ 的求导 $\varphi_j(v_i,v_j)$ ,主要是考虑到 $\rho$ 对 $v_i(i=1,2,\cdots,n)$ 与 $\rho$ 对 $v_j(j=1,2,\cdots,n)$ 求导形式完全相同,且 $\boldsymbol{D}_{ij}=\boldsymbol{D}_{ji}$ ,$\boldsymbol{D}_{ij}^{-1}=\boldsymbol{D}_{ji}^{-1}$ ,故式(2-22)中可省去 $\sum_{i=1}^{n}\sum_{j=1}^{n}\boldsymbol{D}_{ij}^{-1}\varphi_j(v_i,v_j)a_j$ 。

式(2-22)的矩阵表达式为

$$\boldsymbol{A}^{\mathrm{T}}\begin{bmatrix}\boldsymbol{D}_{11}^{-1}\varphi_1(v_1,v_1)/v_1 & \cdots & \boldsymbol{D}_{1n}^{-1}\varphi_1(v_1,v_n)/v_n\\ \vdots & & \vdots\\ \boldsymbol{D}_{n1}^{-1}\varphi_n(v_n,v_1)/v_1 & \cdots & \boldsymbol{D}_{nn}^{-1}\varphi_n(v_n,v_n)/v_n\end{bmatrix}\begin{bmatrix}v_1\\ v_2\\ \vdots\\ v_n\end{bmatrix}=0 \tag{2-23}$$

现直接定义 $\varphi$ 函数,令 $\bar{\boldsymbol{D}}_{ii}^{-1}=\boldsymbol{D}_{ii}^{-1}\varphi_i(v_i,v_i)/v_i$,$\bar{\boldsymbol{D}}_{ij}^{-1}=\boldsymbol{D}_{ij}^{-1}\varphi_i(v_i,v_j)/v_j$ ,则式(2-22)可化为

$$\boldsymbol{A}^{\mathrm{T}}\bar{\boldsymbol{D}}^{-1}\boldsymbol{V}=0 \tag{2-24}$$

为计算的方便,将式(2-24)两端分别乘以 $\sigma_0^2$ ,则有

$$\boldsymbol{A}^{T}(\sigma_0^2\bar{\boldsymbol{D}}^{-1})\boldsymbol{V}=0 \tag{2-25}$$

式(2-25)具有最小二乘法的一般形式,可用最小二乘法求解。

我们定义标准化残差为 $\omega_i=\dfrac{v_i}{\sigma_{v_i}}=\dfrac{v_i}{\sqrt{(\boldsymbol{Q}_{vv}\boldsymbol{P}_{ll})_{ii}}\,\sigma_{l_i}}=\dfrac{v_i}{\sigma_0\sqrt{\boldsymbol{q}_{v_{ii}}}}$,并将 $\omega_i$ 作为粗差观测量方差—协方差的调整因子。这样若观测值 $l_i$ 含有粗差,其调整后的方差—协方差为

$$\bar{\boldsymbol{D}}_{ii}=\omega_i^2\boldsymbol{D}_{ii}=\frac{v_i^2}{\sigma_{v_i}^2}\boldsymbol{D}_{ii} \tag{2-26}$$

式中,$\bar{\boldsymbol{D}}_{ii}$ 为调整后的方差—协方差,$\boldsymbol{D}_{ii}$ 为先验的方差—协方差,$\omega_i$ 为粗差观测量方差—协方差的调整因子。因此相应的等价方差—协方差函数模型为

$$\left.\begin{aligned}\bar{\boldsymbol{D}}_{ii}&=\begin{cases}\boldsymbol{D}_{ii} & |\omega_i|<k_0\\ \omega_i^2\boldsymbol{D}_{ii} & |\omega_i|\geqslant k_0\end{cases}\\ \bar{\boldsymbol{D}}_{ij}&=\rho_{ij}\sqrt{\boldsymbol{D}_{ii}\boldsymbol{D}_{jj}}\end{aligned}\right\}\quad(i=1,2,\cdots,n;j=1,2,\cdots,n) \tag{2-27}$$

式中,$k_0$ 的取值一般在 1.5 ~ 3.0 之间,而 $\rho_{ij}=\boldsymbol{D}_{ij}/\sqrt{\boldsymbol{D}_{ii}\boldsymbol{D}_{jj}}$ 。

等价方差—协方差函数模型的特点:

(1)该模型是将粗差归为随机模型的方差膨胀模型的直接体现。

(2)对于独立观测,该模型与等价权函数模型等价。也就是说,等价权函数模型是等价方差—协方差函数模型的一种特例。

(3)对于相关观测，该模型充分利用了相关观测量间的先验信息(相关系数 $\rho$)，从而保证了相关观测量间的相关性的不变性，而以前的相关等价权模型很少考虑这一信息，因此该模型更符合实际。

(4)对于相关观测，本模型所设计的等价方差—协方差矩阵是严格对称的，而以前的相关等价权模型所设计出的等价权矩阵通常是非对称的。

(5)该模型简单直观，便于植入已有的最小二乘程序，易于程序实现。

由此可见，对于基于坐标模式的广义网平差模型而言，在采用"基于相关分析的粗差探测理论"进行粗差探测和定位以后，可将粗差纳入随机模型，引进统计学中的稳健估计，结合测量平差实际情况，采用"基于等价方差—协方差的稳健最小二乘估计理论"进行粗差处理。

需要说明的是，杨元喜教授(2002)对等价权函数进行了扩展，构造了双因子等价权模型，其构造的双因子等价权元素为

$$\bar{p}_{ij} = p_{ij}\gamma_{ij} \tag{2-28}$$

式中，$\gamma_{ij} = \sqrt{\gamma_{ii}\gamma_{jj}}$，$\gamma_{ii}$、$\gamma_{jj}$ 为自适应降权因子，$\gamma_{ii}$ 可采用 Huber 函数获得，即

$$\gamma_{ii} = \begin{cases} 1 & |\tilde{v}_i| \leqslant c \\ \dfrac{c}{|\tilde{v}_i|} & |\tilde{v}_i| > c \end{cases} \tag{2-29}$$

式中，$\tilde{v}_i$ 为标准化残差，$c$ 为常量，$c$ 可取 1.0～1.5，$\gamma_{jj}$ 和 $\gamma_{ii}$ 相似。而 $\gamma_{ii}$ 也可采用其他降权因子，如 Hampel 权函数等。该双因子等价权模型和笔者所构造的等价方差—协方差函数模型相似，其区别在于异常段，双因子等价权的方差膨胀因子呈直线趋于无穷，而笔者所构造的等价方差—协方差因子呈二次曲线趋于无穷。

## §2.7　坐标模式下的系统误差问题

在常规测量中，系统误差的影响可以通过合理的操作规程予以消除和减弱。但在许多高精度测量中，例如 GPS 测量，其系统误差源非常复杂，其中许多难以直接由观测手段的改进予以消除。特别是在坐标模式下，其作为虚拟观测值的坐标可能会依赖于不同的基准，或者其先验约束消除不完善，这必然会导致系统误差的存在。为消除系统误差的影响，一种有效的方法是将其视为平差模型的模型误差，并设法利用函数模型和随机模型予以补偿，从整体上减弱和消除其影响，保证平差主参数应具有的高精度。同时通过对系统误差的估计和假设检验，对其影响进行分析和研究。观测值中所包含的系统误差影响项经常可列出具体表达式，因此在平差处理中通常采用附加系统参数模型，即将系统误差影响项作为待定的因子列入平差的函数模型，作为附加系统参数参与平差，与主参数同时估计。

附加系统参数平差法已得到广泛应用，是一种公认的优越的估计模型，而且已

形成了建模、估计和系统参数统计假设检验等一整套理论和方法。

附加系统参数的平差模型为

$$\underset{n\times 1}{\boldsymbol{L}} = \boldsymbol{A}\underset{t\times 1}{\tilde{\boldsymbol{x}}} + \boldsymbol{B}\underset{u\times 1}{\tilde{\boldsymbol{y}}} + \boldsymbol{\Delta} \tag{2-30}$$

$$\boldsymbol{D}(l) = \sigma_0^2\boldsymbol{Q} = \sigma_0^2\boldsymbol{P}^{-1} \tag{2-31}$$

其中,秩 $R(\boldsymbol{A}) = t, R(\boldsymbol{B}) = u, R(\boldsymbol{Q}) = n, \tilde{\boldsymbol{x}}$ 为主参数,$\tilde{\boldsymbol{y}}$ 为系统参数。

误差方程和平差原则为

$$\boldsymbol{V} = \boldsymbol{A}\hat{\boldsymbol{x}} + \boldsymbol{B}\hat{\boldsymbol{y}} - \boldsymbol{L} \tag{2-32}$$

$$\boldsymbol{V}^{\mathrm{T}}\boldsymbol{PV} = \min \tag{2-33}$$

平差公式为

$$\hat{\boldsymbol{x}} = (\boldsymbol{A}^{\mathrm{T}}\boldsymbol{PA})^{-1}(\boldsymbol{A}^{\mathrm{T}}\boldsymbol{PL} - \boldsymbol{A}^{\mathrm{T}}\boldsymbol{PB}\hat{\boldsymbol{y}}) \tag{2-34}$$

$$\hat{\boldsymbol{y}} = \boldsymbol{M}^{-1}(\boldsymbol{B}^{\mathrm{T}}\boldsymbol{PL} - \boldsymbol{B}^{\mathrm{T}}\boldsymbol{PA}(\boldsymbol{A}^{\mathrm{T}}\boldsymbol{PA})^{-1}\boldsymbol{A}^{\mathrm{T}}\boldsymbol{PL}) \tag{2-35}$$

$$\boldsymbol{M} = \boldsymbol{B}^{\mathrm{T}}\boldsymbol{PB} - \boldsymbol{B}^{\mathrm{T}}\boldsymbol{PA}(\boldsymbol{A}^{\mathrm{T}}\boldsymbol{PA})^{-1}\boldsymbol{A}^{\mathrm{T}}\boldsymbol{PB} \tag{2-36}$$

$$\boldsymbol{Q}_{\hat{y}\hat{y}} = \boldsymbol{M}^{-1} \tag{2-37}$$

$$\boldsymbol{Q}_{\hat{x}\hat{x}} = (\boldsymbol{A}^{\mathrm{T}}\boldsymbol{PA})^{-1} + (\boldsymbol{A}^{\mathrm{T}}\boldsymbol{PA})^{-1}\boldsymbol{A}^{\mathrm{T}}\boldsymbol{PBM}^{-1}\boldsymbol{B}^{\mathrm{T}}\boldsymbol{PA}(\boldsymbol{A}^{\mathrm{T}}\boldsymbol{PA})^{-1} \tag{2-38}$$

$$\boldsymbol{Q}_{\hat{x}\hat{y}} = -(\boldsymbol{A}^{\mathrm{T}}\boldsymbol{PA})^{-1}\boldsymbol{A}^{\mathrm{T}}\boldsymbol{PBM}^{-1} \tag{2-39}$$

$$\hat{\sigma}_0^2 = \frac{\boldsymbol{V}^{\mathrm{T}}\boldsymbol{PV}}{n-(t+u)} \tag{2-40}$$

施闯(2002)提出:根据系统误差对 GPS 平差结果的影响,由不同原因所产生的系统误差,最终可以归结为 4 类,即位置基准的系统误差、时间演变基准的系统误差、尺度基准的系统误差和空间方位基准的系统误差。

在基线模式下,由于采用 GPS 基线向量作为观测量进行网的整体平差,可以抵消掉多种因素引起的系统误差,如位置基准的系统误差等,大大减少系统误差参数的个数。此时需主要顾及的是尺度基准的系统误差和空间方位基准的系统误差。而在坐标模式下,位置基准的系统误差也需要顾及。对于基于坐标模式下的广义网平差中的系统误差的处理问题,将在§4.3.2 中有更详细的论述。

业已证明,对于包含多类系统误差的 GPS 网,在整体平差时,将那些具有相同系统误差的观测量划分为一个子网。对不同子网针对其所包含的系统误差,加入适当的系统误差参数,通过整体平差可以达到抗系统误差的显著效果。需要注意的是,附加系统参数平差模型中的系统误差参数的数目不宜过多,参数过度化或系统误差参数之间存在内在的相关性,可能影响平差主参数的精度。

另外,自 2000 年以来,利用半参数回归模型来研究测量中的模型误差得到了飞速的发展,从目前所取得的研究成果来看,对于观测中存在的非常复杂且不能简单参数化的系统性效应,利用半参数回归模型进行处理是一种非常有效的方法。

## §2.8 本章小结

本章在分析基于基线模式的传统的GPS网平差模型的基础上，提出直接以所涉及的测站坐标信息、地球自转参数信息等为观测量的基于坐标模式的广义网平差模型，分析了基于基线模式和基于坐标模式的广义网平差模型之间的相互联系和区别，总结了基于坐标模式的广义网平差模型在处理多类、多期参数中的优越性，概括了其处理的通用方法。同时，对基于坐标模式的广义网平差数据处理中的粗差和系统误差问题也进行了讨论。

# 第 3 章　参数估计中先验约束的影响分析

## §3.1　附加先验约束的参数估计模型

在高精度 GPS 定位定轨过程中，往往对待估参数给予一定的先验约束，先验约束的主要目的是为了确定处理的基准。在处理过程中，常常会出现这样的两个问题，其一是先验约束正确与否对处理结果的影响到底有多大，其二是是否是约束条件越多越好。下面我们将详细地讨论这两个问题，并推导相应的公式。

不失一般性，设有误差方程形式

$$\underset{n\times1}{\boldsymbol{V}} = \underset{n\times m}{\boldsymbol{A}}\ \underset{m\times1}{\hat{\boldsymbol{X}}} - \underset{n\times1}{\boldsymbol{L}} \tag{3-1}$$

设 $m$ 个待估参数 $\underset{m\times1}{\boldsymbol{X}}$ 中有 $m_2$ 个待估参数具有可靠的先验信息，其可能是 IGS 的连续跟踪站点，这些点由于常年连续观测，其相对准确的地心坐标、速度场以及相应的坐标精度和速度场精度信息是已知的。可将这 $m_2$ 个待估参数作为随机参数进行处理，将剩下的 $m_1 = m - m_2$ 个待估参数作为非随机参数，按最小二乘配置原理进行参数估计。

设 $\underset{m_2\times1}{\bar{\boldsymbol{X}}_{m_2}}$ 为 $m_2$ 个待估参数 $\boldsymbol{X}_{m_2}$ 的先验参数值，$\boldsymbol{\Sigma}_{m_2}$ 为其先验方差信息，可以将随机参数 $\boldsymbol{X}_{m_2}$ 作为虚拟观测值 $\boldsymbol{L}_{m_2}$，$\boldsymbol{L}_{m_2} \sim N(\bar{\boldsymbol{X}}_{m_2}, \boldsymbol{\Sigma}_{m_2})$，并取 $\boldsymbol{L}_{m_2} = \bar{\boldsymbol{X}}_{m_2}$，相应的先验权为 $\boldsymbol{P}_{m_2} = \sigma_0^2\boldsymbol{\Sigma}_{m_2}^{-1}$。则整体的误差方程为

$$\begin{bmatrix} \underset{n\times1}{\boldsymbol{V}} \\ \underset{m_2\times1}{\boldsymbol{V}_{m_2}} \end{bmatrix} = \begin{bmatrix} \boldsymbol{A}_1 & \boldsymbol{A}_2 \\ 0 & \boldsymbol{I} \end{bmatrix} \begin{bmatrix} \hat{\boldsymbol{X}}_{m_1} \\ \hat{\boldsymbol{X}}_{m_2} \end{bmatrix} - \begin{bmatrix} \underset{n\times1}{\boldsymbol{L}} \\ \underset{m_2\times1}{\boldsymbol{L}_{m_2}} \end{bmatrix} \tag{3-2}$$

按广义最小二乘平差原理，式(3-2)可在约束条件 $\boldsymbol{V}^{\mathrm{T}}\boldsymbol{P}\boldsymbol{V} + \boldsymbol{V}_{m_2}^{\mathrm{T}}\boldsymbol{P}_{m_2}\boldsymbol{V}_{m_2} = \min$ 下求解。得到

$$\hat{\boldsymbol{X}} = \begin{bmatrix} \hat{\boldsymbol{X}}_{m_1} \\ \hat{\boldsymbol{X}}_{m_2} \end{bmatrix} = \begin{bmatrix} \boldsymbol{A}_1^{\mathrm{T}}\boldsymbol{P}\boldsymbol{A}_1 & \boldsymbol{A}_1^{\mathrm{T}}\boldsymbol{P}\boldsymbol{A}_2 \\ \boldsymbol{A}_2^{\mathrm{T}}\boldsymbol{P}\boldsymbol{A}_1 & \boldsymbol{A}_2^{\mathrm{T}}\boldsymbol{P}\boldsymbol{A}_2 + \boldsymbol{P}_{m_2} \end{bmatrix}^{-1} \begin{bmatrix} \boldsymbol{A}_1^{\mathrm{T}}\boldsymbol{P}\boldsymbol{L} \\ \boldsymbol{A}_2^{\mathrm{T}}\boldsymbol{P}\boldsymbol{L} + \boldsymbol{P}_{m_2}\boldsymbol{L}_{m_2} \end{bmatrix} \tag{3-3}$$

令

$$\begin{cases} \boldsymbol{N} = \begin{bmatrix} \boldsymbol{A}_1^{\mathrm{T}}\boldsymbol{P}\boldsymbol{A}_1 & \boldsymbol{A}_1^{\mathrm{T}}\boldsymbol{P}\boldsymbol{A}_2 \\ \boldsymbol{A}_2^{\mathrm{T}}\boldsymbol{P}\boldsymbol{A}_1 & \boldsymbol{A}_2^{\mathrm{T}}\boldsymbol{P}\boldsymbol{A}_2 \end{bmatrix}, \bar{\boldsymbol{P}}_{m_2} = \begin{bmatrix} 0 & 0 \\ 0 & \boldsymbol{P}_{m_2} \end{bmatrix} \\ \boldsymbol{W} = \begin{bmatrix} \boldsymbol{A}_1^{\mathrm{T}}\boldsymbol{P}\boldsymbol{L} \\ \boldsymbol{A}_2^{\mathrm{T}}\boldsymbol{P}\boldsymbol{L} \end{bmatrix}, \bar{\boldsymbol{L}}_{m_2} = \begin{bmatrix} 0 \\ \boldsymbol{L}_{m_2} \end{bmatrix} = \begin{bmatrix} 0 \\ \bar{\boldsymbol{X}}_{m_2} \end{bmatrix} \end{cases}$$

需要说明的是，为讨论的方便，本文所讨论的都是法方程满秩的情况。则

$$\hat{\boldsymbol{X}} = (\boldsymbol{N} + \bar{\boldsymbol{P}}_{m_2})^{-1}(\boldsymbol{W} + \bar{\boldsymbol{P}}_{m_2}\bar{\boldsymbol{L}}_{m_2}) \tag{3-4}$$

$$\boldsymbol{Q}_{\hat{X}} = (\boldsymbol{N} + \bar{\boldsymbol{P}}_{m_2})^{-1} \tag{3-5}$$

对于附加先验约束的参数估计模型，有关文献从 Bayes 理论的角度去求解，但通过前面的分析，我们认为一般的附加先验约束的参数估计过程实际上是一个最小二乘配置问题，可用广义最小二乘平差原理进行求解，它又包含以下几种特殊情况。

(1)所有的待估参数都是随机参数，具有先验信息。

如果所有参数都有先验信息，则相当于 $m_1 = 0, m_2 = m, \boldsymbol{P}_{m_2} = \boldsymbol{P}_m, \bar{\boldsymbol{X}}_{m_2} = \bar{\boldsymbol{X}}_m$，则有

$$\hat{\boldsymbol{X}} = (\boldsymbol{N} + \bar{\boldsymbol{P}}_m)^{-1}(\boldsymbol{W} + \bar{\boldsymbol{P}}_m\bar{\boldsymbol{L}}_m) \tag{3-6}$$

$$\boldsymbol{Q}_{\hat{X}} = (\boldsymbol{N} + \bar{\boldsymbol{P}}_m)^{-1} \tag{3-7}$$

所有参数都是随机参数的估计问题实际上是一个滤波的过程，它是最小二乘配置的一种特殊情形。

(2)对部分先验参数进行的是固定约束。

如果对部分先验参数进行的是固定约束，则处理后这些先验参数应该没有改正数，对于这种问题的求解，可以从两方面考虑，一是认为先验参数方差无穷小，即其先验权无穷大，仍然按最小二乘配置方法求解，在实际计算过程中可将其先验权近似取为一特定的大值进行计算。另一种方法是将固定约束列成约束条件方程，按经典的附有限制条件的间接平差方法进行求解。这说明在一定的假设条件下，最小二乘配置方法可以转化为经典的最小二乘方法。

## §3.2　先验约束不当对平差结果的影响

这里的先验约束不仅包括先验参数的数值约束，也同时包括先验参数的方差约束，因此，先验约束不当包括参数数值的约束不当和参数方差的约束不当两方面。式(3-4)和式(3-5)是在正确的先验约束条件下的参数估计结果。现假设先验参数数值存在误差 $\Delta\boldsymbol{X}_{m_2}$（这是从函数模型误差角度理解问题），则在含有先验参数数值误差情形下的参数估值为

$$\hat{\boldsymbol{X}}' = (\boldsymbol{N} + \bar{\boldsymbol{P}}_{m_2})^{-1}[\boldsymbol{W} + \bar{\boldsymbol{P}}_{m_2}(\bar{\boldsymbol{L}}_{m_2} + \Delta\bar{\boldsymbol{L}}_{m_2})] \tag{3-8}$$

此时，$\Delta\bar{\boldsymbol{L}}_{m_2} = \begin{bmatrix} 0 \\ \Delta\boldsymbol{L}_{m_2} \end{bmatrix} = \begin{bmatrix} 0 \\ \Delta\bar{\boldsymbol{X}}_{m_2} \end{bmatrix}$。

由于先验参数数值误差 $\Delta\bar{\boldsymbol{X}}_{m_2}$ 对参数估计结果所带来的影响为

$$\Delta\hat{\boldsymbol{X}}' = \hat{\boldsymbol{X}}' - \hat{\boldsymbol{X}} = (\boldsymbol{N} + \bar{\boldsymbol{P}}_{m_2})^{-1}\bar{\boldsymbol{P}}_{m_2}\Delta\bar{\boldsymbol{L}}_{m_2} \tag{3-9}$$

而参数的协方差矩阵仍然为式(3-5)。

现假设先验参数数值约束不存在误差，而先验方差存在误差 $\Delta \boldsymbol{D}_{m_2}$（这是从随机模型误差角度理解问题），为计算的方便，可将方差 $\Delta \boldsymbol{D}_{m_2}$ 的影响转化为权的影响 $\Delta \boldsymbol{P}_{m_2}$，则在先验方差存在误差情形下的参数估值为

$$\hat{\boldsymbol{X}}'' = [\boldsymbol{N} + (\bar{\boldsymbol{P}}_{m_2} + \Delta \bar{\boldsymbol{P}}_{m_2})]^{-1}[\boldsymbol{W} + (\bar{\boldsymbol{P}}_{m_2} + \Delta \bar{\boldsymbol{P}}_{m_2})\bar{\boldsymbol{L}}_{m_2}] \tag{3-10}$$

由于先验方差误差 $\Delta \boldsymbol{P}_{m_2}$ 对参数估计结果所带来的影响为

$$\Delta \hat{\boldsymbol{X}}'' = \hat{\boldsymbol{X}}'' - \hat{\boldsymbol{X}} = [\boldsymbol{N} + (\bar{\boldsymbol{P}}_{m_2} + \Delta \bar{\boldsymbol{P}}_{m_2})]^{-1}[\boldsymbol{W} + (\bar{\boldsymbol{P}}_{m_2} + \Delta \bar{\boldsymbol{P}}_{m_2})\bar{\boldsymbol{L}}_{m_2}] - (\boldsymbol{N} + \bar{\boldsymbol{P}}_{m_2})^{-1}(\boldsymbol{W} + \bar{\boldsymbol{P}}_{m_2}\bar{\boldsymbol{L}}_{m_2}) \tag{3-11}$$

而参数的协方差矩阵为

$$\boldsymbol{Q}_{\hat{X}''} = [\boldsymbol{N} + (\bar{\boldsymbol{P}}_{m_2} + \Delta \bar{\boldsymbol{P}}_{m_2})]^{-1} \tag{3-12}$$

如果先验参数数值存在误差 $\Delta \bar{\boldsymbol{X}}_{m_2}$，同时先验参数方差存在误差 $\Delta \boldsymbol{P}_{m_2}$，则在先验参数数值和先验参数方差都存在误差情形下的参数估值为

$$\hat{\boldsymbol{X}}''' = [\boldsymbol{N} + (\bar{\boldsymbol{P}}_{m_2} + \Delta \bar{\boldsymbol{P}}_{m_2})]^{-1}[\boldsymbol{W} + (\bar{\boldsymbol{P}}_{m_2} + \Delta \bar{\boldsymbol{P}}_{m_2})(\bar{\boldsymbol{L}}_{m_2} + \Delta \bar{\boldsymbol{L}}_{m_2})] \tag{3-13}$$

则由于先验参数数值误差 $\Delta \bar{\boldsymbol{X}}_{m_2}$ 和先验参数方差误差 $\Delta \boldsymbol{P}_{m_2}$ 对参数估计结果所带来的影响为

$$\Delta \hat{\boldsymbol{X}}''' = \hat{\boldsymbol{X}}''' - \hat{\boldsymbol{X}} = [\boldsymbol{N} + (\bar{\boldsymbol{P}}_{m_2} + \Delta \bar{\boldsymbol{P}}_{m_2})]^{-1}[\boldsymbol{W} + (\bar{\boldsymbol{P}}_{m_2} + \Delta \bar{\boldsymbol{P}}_{m_2})(\bar{\boldsymbol{L}}_{m_2} + \Delta \bar{\boldsymbol{L}}_{m_2})] - (\boldsymbol{N} + \bar{\boldsymbol{P}}_{m_2})^{-1}(\boldsymbol{W} + \bar{\boldsymbol{P}}_{m_2}\bar{\boldsymbol{L}}_{m_2}) \tag{3-14}$$

其参数的协方差矩阵仍然为式(3-12)。

式(3-14)非常复杂，进行定量的计算非常麻烦，但可用于定性的分析。由此可以得出结论，当先验参数数值存在误差 $\Delta \bar{\boldsymbol{X}}_{m_2}$ 时，不影响参数的协方差矩阵，但会对参数估计结果带来影响；当先验参数方差存在误差 $\Delta \boldsymbol{P}_{m_2}$ 时，将同时影响参数估计结果和参数的协方差矩阵。这种影响将会导致处理基准的变形。因此进行正确地先验约束是非常必要的。

在高精度的 GPS 基线解算中，为了缩短迭代时间，往往对待估参数（测站参数、轨道参数等）给予一定的先验约束。对于测站参数，如果网中有 IGS 站或者高等级的 GPS 控制点，则往往用 IGS 站坐标及其精度或者是高等级的 GPS 控制点的坐标及其精度作为先验强约束，而其他的 GPS 则用单点定位的结果进行弱约束。而且为了避免先验约束自身的不协调所带来的误差，通常在一个同步网只对一个点进行强约束，而对其他点都进行弱约束。

## §3.3 先验约束的消除

在整体平差之前，需要对平差观测值中隐含的先验约束预先消除，避免先验约束不当可能造成的影响，即使先验约束正确，为了整体平差过程中引入新的基准的需要，亦需要将所隐含的所有的先验约束予以消除。

消除先验约束的过程是附加先验约束的逆过程，设原始观测值误差方程为

$$V_{\mathrm{I}} = B\hat{x} - L_{\mathrm{I}} \tag{3-15}$$

附加先验约束可用虚拟观测值误差方程表示

$$V_{\mathrm{II}} = \hat{x} - L_{\mathrm{II}} \tag{3-16}$$

附加先验约束后的法方程为

$$(N_{I} + P_{\mathrm{II}})\hat{x} = B_{\mathrm{I}} P_{\mathrm{I}} L_{\mathrm{I}} + P_{\mathrm{II}} L_{\mathrm{II}} \tag{3-17}$$

如果将先验约束坐标作为概略坐标 $X^0$，则 $L_{\mathrm{II}} = 0$，有

$$(N_{\mathrm{I}} + P_{\mathrm{II}})\hat{x} = B_{\mathrm{I}} P_{\mathrm{I}} L_{\mathrm{I}} \tag{3-18}$$

含有先验约束的法方程解为

$$\hat{x} = (N_{\mathrm{I}} + P_{\mathrm{II}})^{-1} B_{\mathrm{I}} P_{\mathrm{I}} L_{\mathrm{I}} \tag{3-19}$$

$$Q_{\hat{x}} = (N_{\mathrm{I}} + P_{\mathrm{II}})^{-1} \tag{3-20}$$

则消除先验约束后的法方程形式如下

$$(Q_{\hat{x}}^{-1} - P_{\mathrm{II}})\hat{x}' = B_{\mathrm{I}} P_{\mathrm{I}} L_{\mathrm{I}} \tag{3-21}$$

$\hat{x}'$ 为不含先验约束的参数估值，有

$$\hat{x}' = (Q_{\hat{x}}^{-1} - P_{\mathrm{II}})^{-1} B_{\mathrm{I}} P_{\mathrm{I}} L_{\mathrm{I}} \tag{3-22}$$

$$Q_{\hat{x}'} = (Q_{\hat{x}}^{-1} - P_{\mathrm{II}})^{-1} \tag{3-23}$$

按矩阵反演公式，$(A^{-1} - BD^{-1}C)^{-1} = A + AB(D - CAB)^{-1}CA$，有

$$Q_{\hat{x}'} = Q_{\hat{x}} + Q_{\hat{x}}(Q_{\mathrm{II}} - Q_{\hat{x}})^{-1} Q_{\hat{x}} \tag{3-24}$$

$$\hat{x}' = \hat{x} + Q_{\hat{x}}(Q_{\mathrm{II}} - Q_{\hat{x}})^{-1} Q_{\hat{x}} B^{\mathrm{T}} P_{\mathrm{I}} L_{\mathrm{I}} \tag{3-25}$$

由此可见，先验约束的影响可用下两式表示

$$\Delta\hat{x} = Q_{\hat{x}}(Q_{\mathrm{II}} - Q_{\hat{x}})^{-1} Q_{\hat{x}} B^{\mathrm{T}} P_{\mathrm{I}} L_{\mathrm{I}} \tag{3-26}$$

$$\Delta Q_{\hat{x}} = Q_{\hat{x}}(Q_{\mathrm{II}} - Q_{\hat{x}})^{-1} Q_{\hat{x}} \tag{3-27}$$

下面通过两个算例对先验约束的影响进行具体分析。

(1)先验弱约束影响

SINEX 文件名为："ap99p210340. snx"，约束类型为 2(弱约束)，共包含 37 个测站，所有测站在三维方向所给的先验约束为 $\sigma_0 = 100$ m，先验弱约束对解的影响如图 3-1 所示。

(2)先验强约束影响

SINEX 文件名为 coe09917. snx，约束类型为 0(强约束)，共包含 38 个测站，其中有 6 个测站在三维方向所给的先验约束为 $\sigma_0 = 0.0025$ m，先验强约束对解的影响如图 3-2 所示。

从图 3-1 可以看出，对于先验弱约束而言，其约束消除前后的影响只有 3 mm 左右，但对先验强约束而言，其约束消除前后的影响最大可达 35 mm 左右，对于高精度的 GPS 参数估计而言，这种量级的影响是不能忽略的，因此先验约束的影响必须予以考虑。

现在的问题是：对于 GPS 解所形成的 SINEX 文件，消除先验约束后的法方程

仍然不秩亏，而对于 SLR、VLBI 的解所形成的 SINEX 文件，消除先验约束后的法方程是秩亏的。这一问题在 2003 年的 SINEX 工作组会议中已经引起了关注。这说明 GPS 解所形成的 SINEX 文件中的约束条件没有被完全去掉，分析其原因，可

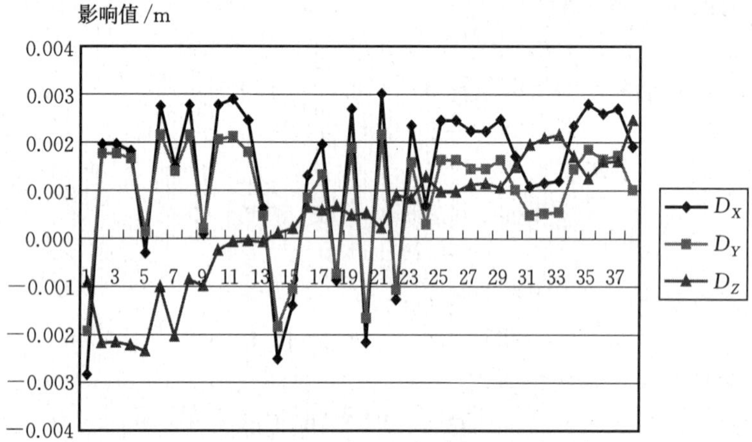


图 3-1 先验弱约束对解的影响

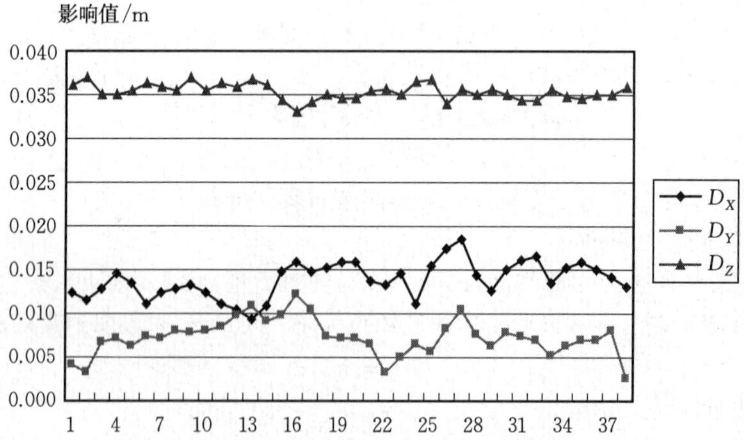


图 3-2 先验强约束对解的影响

能是 GPS 解所形成的 SINEX 文件恢复的法方程系统不是一个完整的法方程系统，而是一个经过约化的法方程系统，原始的 GPS 法方程里不只有坐标信息，还有轨道、大气、钟差、EOP 等参数，这些部分在生成 SINEX 文件时被约化掉了。而约化掉的部分里面包含有约束信息，比如轨道等，这些约束的影响仍然存在于约化后的法方程系统中。

## §3.4　附加额外约束条件对平差结果的影响

前面讨论了附加先验数值约束和方差约束对参数估计的影响，而在实际处理过程中，往往要引入多个约束条件，这主要是为了加强控制网的强度。下面讨论附加约束条件对参数估计结果的影响。

高斯—马尔柯夫模型(GMM)为

$$\underset{n\times1}{\boldsymbol{E}(\boldsymbol{L})} = \underset{n\times u}{\boldsymbol{A}}\,\underset{u\times1}{\boldsymbol{X}}\,;\ \boldsymbol{D}_l = \sigma_0^2\boldsymbol{Q} \tag{3-28}$$

误差方程为

$$\boldsymbol{V} = \boldsymbol{A}\hat{\boldsymbol{X}} - \boldsymbol{L} \tag{3-29}$$

其参数估值和参数协方差矩阵分别为

$$\hat{\boldsymbol{X}} = (\boldsymbol{A}^{\mathrm{T}}\boldsymbol{P}\boldsymbol{A})^{-1}\boldsymbol{A}^{\mathrm{T}}\boldsymbol{P}\boldsymbol{L} \tag{3-30}$$

$$\boldsymbol{Q}_{\hat{X}} = (\boldsymbol{A}^{\mathrm{T}}\boldsymbol{P}\boldsymbol{A})^{-1} \tag{3-31}$$

单位权方差估值为

$$\hat{\sigma}_0^2 = \frac{\Omega}{f} = \frac{\boldsymbol{V}^{\mathrm{T}}\boldsymbol{P}\boldsymbol{V}}{n-u} = \frac{\boldsymbol{L}^{\mathrm{T}}\boldsymbol{P}\boldsymbol{L} - \boldsymbol{A}^{\mathrm{T}}\boldsymbol{P}\boldsymbol{L}\hat{\boldsymbol{X}}}{n-u} \tag{3-32}$$

其中，$f$ 为平差系统的自由度。

为讨论问题的方便，不失一般性，我们假设附加的是强约束。附加强约束条件的高斯—马尔柯夫模型为

$$\underset{n\times1}{\boldsymbol{E}(\boldsymbol{L})} = \underset{n\times u}{\boldsymbol{A}}\,\underset{u\times1}{\boldsymbol{X}}\,;\ \underset{r\times u}{\boldsymbol{C}}\,\underset{u\times1}{\boldsymbol{X}} = \underset{r\times1}{\boldsymbol{W}_x}\,;\ \boldsymbol{D}_l = \sigma_0^2\boldsymbol{Q} \tag{3-33}$$

其相应的法方程为

$$\begin{bmatrix}\boldsymbol{A}^{\mathrm{T}}\boldsymbol{P}\boldsymbol{A} & \boldsymbol{C}^{\mathrm{T}}\\ \boldsymbol{C} & 0\end{bmatrix}\begin{bmatrix}\hat{\boldsymbol{X}}'\\ \boldsymbol{K}_s\end{bmatrix} = \begin{bmatrix}\boldsymbol{A}^{\mathrm{T}}\boldsymbol{P}\boldsymbol{L}\\ \boldsymbol{W}_x\end{bmatrix} \tag{3-34}$$

$\boldsymbol{K}_s$ 为对应于限制条件方程的联系数向量。其参数估值为

$$\begin{aligned}\hat{\boldsymbol{X}}' &= (\boldsymbol{A}^{\mathrm{T}}\boldsymbol{P}\boldsymbol{A})^{-1}(\boldsymbol{A}^{\mathrm{T}}\boldsymbol{P}\boldsymbol{L} - \boldsymbol{C}^{\mathrm{T}}\boldsymbol{K}_s) = (\boldsymbol{A}^{\mathrm{T}}\boldsymbol{P}\boldsymbol{A})^{-1}\{\boldsymbol{A}^{\mathrm{T}}\boldsymbol{P}\boldsymbol{L} + \\ &\quad \boldsymbol{C}^{\mathrm{T}}[\boldsymbol{C}(\boldsymbol{A}^{\mathrm{T}}\boldsymbol{P}\boldsymbol{A})^{-1}\boldsymbol{C}^{\mathrm{T}}]^{-1}[\boldsymbol{W}_x - \boldsymbol{C}^{\mathrm{T}}(\boldsymbol{A}^{\mathrm{T}}\boldsymbol{P}\boldsymbol{A})^{-1}\boldsymbol{A}^{\mathrm{T}}\boldsymbol{P}\boldsymbol{L}]\}\end{aligned} \tag{3-35}$$

将式(3-30)代入式(3-35)得

$$\hat{\boldsymbol{X}}' = \hat{\boldsymbol{X}} - (\boldsymbol{A}^{\mathrm{T}}\boldsymbol{P}\boldsymbol{A})^{-1}\boldsymbol{C}^{\mathrm{T}}[\boldsymbol{C}(\boldsymbol{A}^{\mathrm{T}}\boldsymbol{P}\boldsymbol{A})^{-1}\boldsymbol{C}^{\mathrm{T}}]^{-1}(\boldsymbol{C}\hat{\boldsymbol{X}} - \boldsymbol{W}_x) \tag{3-36}$$

因此，附加额外限制条件对参数估值的影响为

$$\Delta\hat{\boldsymbol{X}}' = \hat{\boldsymbol{X}}' - \hat{\boldsymbol{X}} = -(\boldsymbol{A}^{\mathrm{T}}\boldsymbol{P}\boldsymbol{A})^{-1}\boldsymbol{C}^{\mathrm{T}}[\boldsymbol{C}(\boldsymbol{A}^{\mathrm{T}}\boldsymbol{P}\boldsymbol{A})^{-1}\boldsymbol{C}^{\mathrm{T}}]^{-1}(\boldsymbol{C}\hat{\boldsymbol{X}} - \boldsymbol{W}_x) \tag{3-37}$$

其协方差矩阵为

$$\boldsymbol{Q}_{\hat{X}'} = (\boldsymbol{A}^{\mathrm{T}}\boldsymbol{P}\boldsymbol{A})^{-1} - (\boldsymbol{A}^{\mathrm{T}}\boldsymbol{P}\boldsymbol{A})^{-1}\boldsymbol{C}^{\mathrm{T}}[\boldsymbol{C}(\boldsymbol{A}^{\mathrm{T}}\boldsymbol{P}\boldsymbol{A})^{-1}\boldsymbol{C}^{\mathrm{T}}]^{-1}\boldsymbol{C}(\boldsymbol{A}^{\mathrm{T}}\boldsymbol{P}\boldsymbol{A})^{-1} \tag{3-38}$$

相应的二次型为

$$\begin{aligned}\Omega' &= \Omega + (\boldsymbol{C}\hat{\boldsymbol{X}} - \boldsymbol{W}_x)^{\mathrm{T}}[\boldsymbol{C}(\boldsymbol{A}^{\mathrm{T}}\boldsymbol{P}\boldsymbol{A})^{-1}\boldsymbol{C}^{\mathrm{T}}]^{-1}(\boldsymbol{C}\hat{\boldsymbol{X}} - \boldsymbol{W}_x) = \Omega + \\ &\quad (\hat{\boldsymbol{X}}' - \hat{\boldsymbol{X}})^{\mathrm{T}}(\boldsymbol{A}^{\mathrm{T}}\boldsymbol{P}\boldsymbol{A})^{-1}(\hat{\boldsymbol{X}}' - \hat{\boldsymbol{X}}) = \Omega + \Delta\hat{\boldsymbol{X}}'^{\mathrm{T}}(\boldsymbol{A}^{\mathrm{T}}\boldsymbol{P}\boldsymbol{A})^{-1}\Delta\hat{\boldsymbol{X}}'\end{aligned} \tag{3-39}$$

单位权方差估值为

$$\hat{\sigma}'^2_0 = \frac{\Omega'}{f'} = \frac{\Omega + \Delta\hat{\boldsymbol{X}}'^{\mathrm{T}}(\boldsymbol{A}^{\mathrm{T}}\boldsymbol{PA})^{-1}\Delta\hat{\boldsymbol{X}}'}{n-u+r} \tag{3-40}$$

令 $\Delta\Omega' = \Omega' - \Omega$，$\Delta\Omega'$ 表示由于引入附加约束条件所造成的二次型的变化。它是一个非常重要的用于确定附加额外约束是否有用的指标量。要使附加额外的约束对参数估计结果产生增益，即使附加额外约束后的单位权方差变小

$$\hat{\sigma}'^2_0 = \frac{\Omega + \Delta\Omega'}{n-u+r} < \frac{\Omega}{n-u} = \hat{\sigma}^2_0 \tag{3-41}$$

则必须满足

$$\Delta\Omega' < \frac{r\Omega}{n-u} = r\hat{\sigma}^2_0 \tag{3-42}$$

例如附加约束方程个数为 $r = 5$，而附加约束前的单位权方差 $\hat{\sigma}^2_0 = 4$，而只有当二次型的增加量 $\Delta\Omega' < 20$ 时，附加额外的约束才能对参数估计结果产生增益。

由此可见，附加额外的约束并不一定能对参数估计结果产生增益。其是否产生增益由二次型的增加量 $\Delta\Omega'$、约束方程的个数 $r$ 和不加约束前的单位权方差 $\hat{\sigma}^2_0$ 共同决定。

因此数据处理过程中，首先要保证所选择的先验数值及其方差约束是合适的，例如对于高精度 GPS 数据处理，可以选择 IERS 所发布的坐标、速度及其方差作为先验约束；其次要保证所引入的约束条件对整体的参数估计结果产生增益，否则不宜盲目附加约束条件。

## §3.5 本章小结

本章从随机模型误差和函数模型误差两个方面，对参数估计中先验约束的影响进行了详细的分析，推导了先验约束值的误差与先验约束方差的误差对参数估计结果的影响，提出先验约束的消除过程是附加约束的逆过程，推导了先验约束消除的公式。并以附加约束条件的间接平差模型为例，推导了附加额外约束条件对平差结果的影响，并以平差后的单位权中误差的减小为条件，分析了附加额外约束产生增益的条件，说明附加额外约束条件并不都能增强解的性状。

# 第 4 章　基于坐标模式的广义网平差的算法实现

基于坐标模式的广义网平差的算法实现涉及先验约束的消除、部分参数的预消除、部分额外待估参数的引入、法方程的叠加、基准条件和约束条件的引入、参数估计等过程。其算法的核心在于参数转换方法的灵活应用。先验约束的消除算法在第 3 章已有较详细的描述，下面结合参数转换的算法，对基于坐标模式的广义网平差的算法实现中的其他相关问题进行分析。

## §4.1　多类参数联合估计方法

在观测值仅包含偶然误差的前提下，最小二乘估计（Least Square Estimation，LSE）所得的估计结果是最优无偏估计。虽然目前将很多种新的数据处理方法（自适应滤波、SRIF 滤波等）应用于测量数据的处理过程中，但一般滤波的方法对动态数据的处理和质量控制比较有效，对静态数据的处理而言，最小二乘估计方法仍有其应用的优势。图 4-1 为基于 LSE 的多类参数联合估计的示意图。

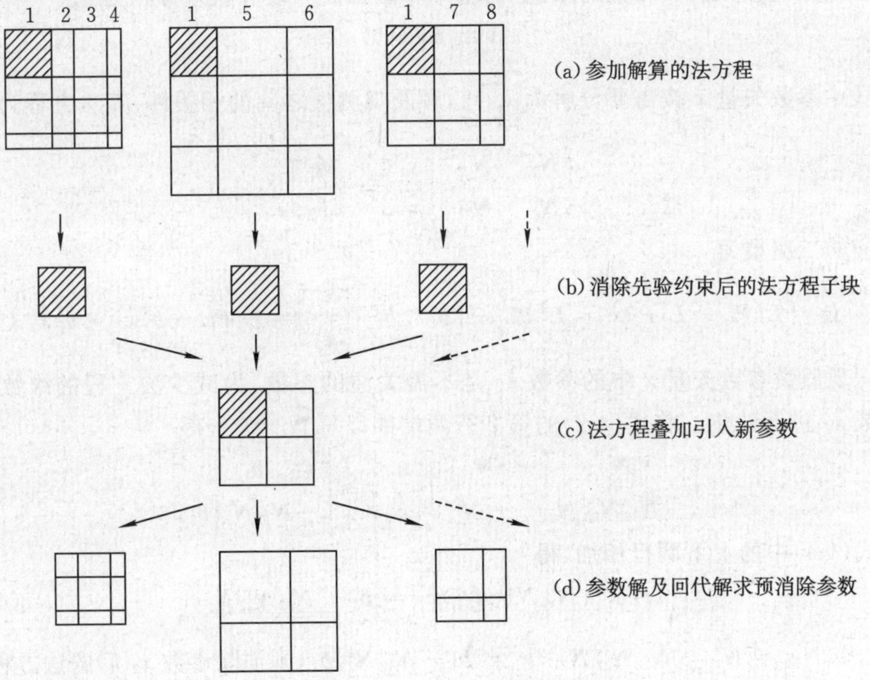


图 4-1　基于 LSE 的多类参数联合估计

图 4-1 中(a)为参加解算的法方程，其中的阴影部分为公共参数所对应的法方程子块，非阴影部分为非公共参数所对应的法方程子块；(b)为消除先验约束后，将非公共参数进行约化消除，留下的公共参数所对应的法方程子块；(c)为引入新的参数，扩充法方程，并进行法方程叠加后得到的法方程系统；(d)为求出公共参数后，将公共参数解回代，计算出非公共参数的过程。

由图 4-1 可知，在处理多类参数的联合估计问题时，对于作为输入的法方程，首先要消除法方程中所包含的先验约束，然后进行参数的预消除，尽量只保留各法方程中的公共参数，再进行法方程叠加，引入新的参数和基准，进行法方程求解，然后将所求得的公共参数解回代，解求先前约化掉的参数。

## §4.2 参数预消除

基线处理结果中包含站坐标参数、轨道参数、各类地球动力学模型参数、对流层参数、整周模糊度等。这些参数中往往只有部分是我们所关注的，对于不需关注的参数可通过参数约化的过程予以预消除，以减少法方程的维数，提高计算的效率。

参数预消除(也可称为参数约化)是一个能减少法方程维数且不损失信息(包括已消除的参数及其相关的信息)的基本算法工具。设有误差方程为

$$\boldsymbol{v} = \boldsymbol{B}\hat{\boldsymbol{x}} - \boldsymbol{L} \tag{4-1}$$

将式中参数矢量 $\hat{\boldsymbol{x}}$ 按需要分解为$\begin{bmatrix}\hat{\boldsymbol{x}}_1\\ \hat{\boldsymbol{x}}_2\end{bmatrix}$，顾及观测值之间的相关性，其法方程为

$$\begin{bmatrix}\boldsymbol{N}_{11} & \boldsymbol{N}_{12}\\ \boldsymbol{N}_{21} & \boldsymbol{N}_{22}\end{bmatrix}\begin{bmatrix}\hat{\boldsymbol{x}}_1\\ \hat{\boldsymbol{x}}_2\end{bmatrix} = \begin{bmatrix}\boldsymbol{b}_1\\ \boldsymbol{b}_2\end{bmatrix} \tag{4-2}$$

相应的二次型为

$$\Omega = \boldsymbol{L}^{\mathrm{T}}\boldsymbol{PL} - \boldsymbol{L}^{\mathrm{T}}\boldsymbol{PB}\hat{\boldsymbol{x}} = \boldsymbol{L}^{\mathrm{T}}\boldsymbol{PL} - \begin{bmatrix}\boldsymbol{b}_1^{\mathrm{T}} & \boldsymbol{b}_2^{\mathrm{T}}\end{bmatrix}\begin{bmatrix}\hat{\boldsymbol{x}}_1\\ \hat{\boldsymbol{x}}_2\end{bmatrix} = \boldsymbol{L}^{\mathrm{T}}\boldsymbol{PL} - \boldsymbol{b}_1^{\mathrm{T}}\hat{\boldsymbol{x}}_1 - \boldsymbol{b}_2^{\mathrm{T}}\hat{\boldsymbol{x}}_2 \tag{4-3}$$

现假设参数矢量 $\hat{\boldsymbol{x}}$ 中的参数 $\hat{\boldsymbol{x}}_2$ 是不需关注的参数，为减少法方程的维数，对参数 $\hat{\boldsymbol{x}}_2$ 进行约化。将式(4-2)的第 2 行两端乘以 $-\boldsymbol{N}_{12}\boldsymbol{N}_{22}^{-1}$，得

$$\begin{bmatrix}\boldsymbol{N}_{11} & \boldsymbol{N}_{12}\\ -\boldsymbol{N}_{12}\boldsymbol{N}_{22}^{-1}\boldsymbol{N}_{21} & -\boldsymbol{N}_{12}\end{bmatrix}\begin{bmatrix}\hat{\boldsymbol{x}}_1\\ \hat{\boldsymbol{x}}_2\end{bmatrix} = \begin{bmatrix}\boldsymbol{b}_1\\ -\boldsymbol{N}_{12}\boldsymbol{N}_{22}^{-1}\boldsymbol{b}_2\end{bmatrix} \tag{4-4}$$

将式(4-4)中的上下两行相加，得

$$(\boldsymbol{N}_{11} \underbrace{-\boldsymbol{N}_{12}\boldsymbol{N}_{22}^{-1}\boldsymbol{N}_{21}}_{a})\hat{\boldsymbol{x}}_1 = \boldsymbol{b}_1 \underbrace{-\boldsymbol{N}_{12}\boldsymbol{N}_{22}^{-1}\boldsymbol{b}_2}_{b} \tag{4-5}$$

令 $\widetilde{\boldsymbol{N}}_{11} = \boldsymbol{N}_{11} - \boldsymbol{N}_{12}\boldsymbol{N}_{22}^{-1}\boldsymbol{N}_{21}$，$\tilde{\boldsymbol{b}}_1 = \boldsymbol{b}_1 - \boldsymbol{N}_{12}\boldsymbol{N}_{22}^{-1}\boldsymbol{b}_2$，则消除参数 $\hat{\boldsymbol{x}}_2$ 后的法方程为

$$\widetilde{\boldsymbol{N}}_{11}\hat{\boldsymbol{x}}_1 = \tilde{\boldsymbol{b}}_1 \tag{4-6}$$

法方程的解为

$$\hat{\boldsymbol{x}}_1 = \widetilde{\boldsymbol{N}}_{11}^{-1}\tilde{\boldsymbol{b}}_1 \tag{4-7}$$

$$\boldsymbol{Q}_{\hat{x}_1\hat{x}_1} = (\boldsymbol{N}_{11} - \boldsymbol{N}_{12}\boldsymbol{N}_{22}^{-1}\boldsymbol{N}_{12})^{-1} = \boldsymbol{N}_{11}^{-1} + \boldsymbol{N}_{11}^{-1}\boldsymbol{N}_{21}(\boldsymbol{N}_{22} - \boldsymbol{N}_{12}\boldsymbol{N}_{11}^{-1}\boldsymbol{N}_{12})^{-1}\boldsymbol{N}_{12}\boldsymbol{N}_{11} \tag{4-8}$$

将式(4-7)代入到式(4-2)中，有

$$\hat{\boldsymbol{x}}_2 = \boldsymbol{N}_{22}^{-1}(\boldsymbol{b}_2 - \boldsymbol{N}_{21}\hat{\boldsymbol{x}}_1) \tag{4-9}$$

$$\boldsymbol{Q}_{\hat{x}_2\hat{x}_2} = \boldsymbol{N}_{22}^{-1} + \boldsymbol{N}_{22}^{-1}\boldsymbol{N}_{21}(\boldsymbol{N}_{11} - \boldsymbol{N}_{12}\boldsymbol{N}_{22}^{-1}\boldsymbol{N}_{12})^{-1}\boldsymbol{N}_{12}\boldsymbol{N}_{22}^{-1} \tag{4-10}$$

相应的二次型为

$$\begin{aligned}
\Omega &= \boldsymbol{L}^{\mathrm{T}}\boldsymbol{PL} - \boldsymbol{b}_1^{\mathrm{T}}\hat{\boldsymbol{x}}_1 - \boldsymbol{b}_2^{\mathrm{T}}\hat{\boldsymbol{x}}_2 \\
&= \boldsymbol{L}^{\mathrm{T}}\boldsymbol{PL} - \boldsymbol{b}_1^{\mathrm{T}}\hat{\boldsymbol{x}}_1 - \boldsymbol{b}_2^{\mathrm{T}}\boldsymbol{N}_{22}^{-1}(\boldsymbol{b}_2 - \boldsymbol{N}_{21}\hat{\boldsymbol{x}}_1) \\
&= \boldsymbol{L}^{\mathrm{T}}\boldsymbol{PL} - \boldsymbol{b}_1^{\mathrm{T}}\hat{\boldsymbol{x}}_1 - \boldsymbol{b}_2^{\mathrm{T}}\boldsymbol{N}_{22}^{-1}\boldsymbol{b}_2 + \boldsymbol{b}_2^{\mathrm{T}}\boldsymbol{N}_{22}^{-1}\boldsymbol{N}_{21}\hat{\boldsymbol{x}}_1 \\
&= \underbrace{\boldsymbol{L}^{\mathrm{T}}\boldsymbol{PL} - \hat{\boldsymbol{x}}_1^{\mathrm{T}}\underbrace{(\boldsymbol{b}_1 - \boldsymbol{N}_{12}\boldsymbol{N}_{22}^{-1}\boldsymbol{b}_2)}_{\tilde{b}_1}}_{\tilde{\Omega}}\underbrace{- \boldsymbol{b}_2^{\mathrm{T}}\boldsymbol{N}_{22}^{-1}\boldsymbol{b}_2}_{c}
\end{aligned} \tag{4-11}$$

由此可见，在消除参数 $\hat{\boldsymbol{x}}_2$ 后，相应的二次型 $\tilde{\Omega}$ 需在原有的二次型上加上改化 $\boldsymbol{c} = -\boldsymbol{b}_2^{\mathrm{T}}\boldsymbol{N}_{22}^{-1}\boldsymbol{b}_2$ 。

对于预先消除的参数 $\hat{\boldsymbol{x}}_2$ ，可将其理解为一种“拟系统误差参数”，作为一种辅助的参数在参数估计中求解。基于如此的考虑，我们有理由认为，任何一类模型参数均可解释为对观测值中的系统性效应部分的回归。

## §4.3　参数转换的原理及应用

对于多类参数的联合估计的算法实现，需要用到参数转换的方法。参数转换也可理解为“重新参数化”或“参数重构”。其实质是按照需要，将待估参数表示成新参数的某种线性函数，并通过线性计算，将旧参数所对应的法方程系统转换为新参数所对应的法方程系统，通过解算新的法方程，得到新的待估参数值。

### 4.3.1　参数转换的原理

设有误差方程

$$\boldsymbol{v} = \boldsymbol{B}\hat{\boldsymbol{x}} - \boldsymbol{L} \tag{4-12}$$

其法方程为

$$\boldsymbol{B}^{\mathrm{T}}\boldsymbol{PB}\hat{\boldsymbol{x}} = \boldsymbol{B}^{\mathrm{T}}\boldsymbol{PL} \tag{4-13}$$

令 $\boldsymbol{N} = \boldsymbol{B}^{\mathrm{T}}\boldsymbol{PB}$ , $\boldsymbol{b} = \boldsymbol{B}^{\mathrm{T}}\boldsymbol{PL}$ ，则有

$$\boldsymbol{N}\hat{\boldsymbol{x}} = \boldsymbol{b} \tag{4-14}$$

可将该法方程转换为以新的参数向量 $\tilde{\boldsymbol{x}}$ 表示的形式。设新参数向量 $\tilde{\boldsymbol{x}}$ 和旧参

数向量 $\hat{x}$ 之间存在如下的转换关系

$$\hat{\boldsymbol{x}} = \boldsymbol{C}\tilde{\boldsymbol{x}} + \mathrm{d}\boldsymbol{x} \tag{4-15}$$

式(4-15)即参数转换方程，在后文的论述中将多次用到该式。

将式(4-15)代入式(4-12)则相应的误差方程式(4-12)可写为

$$\boldsymbol{v} = \boldsymbol{B}\boldsymbol{C}\tilde{\boldsymbol{x}} - (\boldsymbol{L} - \boldsymbol{B}\mathrm{d}\boldsymbol{x}) \tag{4-16}$$

与式(4-16)相应的法方程为

$$\boldsymbol{C}^{\mathrm{T}}\boldsymbol{B}^{\mathrm{T}}\boldsymbol{P}\boldsymbol{B}\boldsymbol{C}\tilde{\boldsymbol{x}} = \boldsymbol{C}^{\mathrm{T}}\boldsymbol{B}^{\mathrm{T}}\boldsymbol{P}(\boldsymbol{L} - \boldsymbol{B}\mathrm{d}\boldsymbol{x}) \tag{4-17}$$

令 $\widetilde{\boldsymbol{N}} = \boldsymbol{C}^{\mathrm{T}}\boldsymbol{B}^{\mathrm{T}}\boldsymbol{P}\boldsymbol{B}\boldsymbol{C} = \boldsymbol{C}^{\mathrm{T}}\boldsymbol{N}\boldsymbol{C}, \tilde{\boldsymbol{b}} = \boldsymbol{C}^{\mathrm{T}}\boldsymbol{B}^{\mathrm{T}}\boldsymbol{P}(\boldsymbol{L} - \boldsymbol{B}\mathrm{d}\boldsymbol{x}) = \boldsymbol{C}^{\mathrm{T}}(\boldsymbol{b} - \boldsymbol{N}\mathrm{d}\boldsymbol{x})$，则有

$$\widetilde{\boldsymbol{N}}\tilde{\boldsymbol{x}} = \tilde{\boldsymbol{b}} \tag{4-18}$$

经过参数转换，新的法方程系统所对应的未知参数向量为 $\tilde{x}$。令 $\widetilde{\boldsymbol{L}} = (\boldsymbol{L} - \boldsymbol{B}\mathrm{d}\boldsymbol{x})$，则 $\widetilde{\boldsymbol{L}}^{\mathrm{T}}\boldsymbol{P}\widetilde{\boldsymbol{L}}$ 可表示为

$$\begin{aligned}\widetilde{\boldsymbol{L}}^{\mathrm{T}}\boldsymbol{P}\widetilde{\boldsymbol{L}} &= (\boldsymbol{L} - \boldsymbol{B}\mathrm{d}\boldsymbol{x})^{\mathrm{T}}\boldsymbol{P}(\boldsymbol{L} - \boldsymbol{B}\mathrm{d}\boldsymbol{x}) \\ &= \boldsymbol{L}^{\mathrm{T}}\boldsymbol{P}\boldsymbol{L} - \boldsymbol{L}^{\mathrm{T}}\boldsymbol{P}\boldsymbol{B}\mathrm{d}\boldsymbol{x} - \mathrm{d}\boldsymbol{x}^{\mathrm{T}}\boldsymbol{B}^{\mathrm{T}}\boldsymbol{P}\boldsymbol{L} + \mathrm{d}\boldsymbol{x}^{\mathrm{T}}\boldsymbol{B}^{\mathrm{T}}\boldsymbol{P}\boldsymbol{B}\mathrm{d}\boldsymbol{x} \\ &= \boldsymbol{L}^{\mathrm{T}}\boldsymbol{P}\boldsymbol{L} - 2\boldsymbol{L}^{\mathrm{T}}\boldsymbol{P}\boldsymbol{B}\mathrm{d}\boldsymbol{x} + \mathrm{d}\boldsymbol{x}^{\mathrm{T}}\boldsymbol{B}^{\mathrm{T}}\boldsymbol{P}\boldsymbol{B}\mathrm{d}\boldsymbol{x} \\ &= \boldsymbol{L}^{\mathrm{T}}\boldsymbol{P}\boldsymbol{L} - 2\boldsymbol{b}^{\mathrm{T}}\mathrm{d}\boldsymbol{x} + \mathrm{d}\boldsymbol{x}^{\mathrm{T}}\boldsymbol{N}\mathrm{d}\boldsymbol{x}\end{aligned} \tag{4-19}$$

### 4.3.2 参数转换的应用

**1. 参数先验初值的统一**

利用最小二乘方法处理时间序列数据的前提是所有的法方程系统中的未知参数的先验初值是一致的，否则需对法方程系统进行转换。这种参数先验初值的统一也包括轨道综合中对不同先验轨道弧段的统一处理。

通过对参数先验初值不同的法方程系统进行参数转换，可以达到统一参数先验初值的目的。假定一个法方程基于先验参数初值 $\boldsymbol{x}|_0$，为了法方程叠加的需要，该法方程需转换至基于先验参数初值$\boldsymbol{x}|_{0c}$，而$\boldsymbol{x}|_{0c} = \boldsymbol{x}|_0 + \mathrm{d}\boldsymbol{x}$，对于待求参数，在线性情况下，其最终估值与参数先验初值的取值无关，因此有

$$\hat{\boldsymbol{X}} = \widetilde{\boldsymbol{X}} = \boldsymbol{x}|_0 + \hat{\boldsymbol{x}} = \boldsymbol{x}|_{0c} + \tilde{\boldsymbol{x}} \tag{4-20}$$

则参数转换方程为

$$\hat{\boldsymbol{x}} = \tilde{\boldsymbol{x}} + \mathrm{d}\boldsymbol{x} \tag{4-21}$$

该参数转换方程是式(4-15)的特例 $(\boldsymbol{C} = \boldsymbol{I})$，则对应于先验参数初值$\boldsymbol{x}|_{0c}$ 的转换后的法方程系统为

$$\boldsymbol{N}\tilde{\boldsymbol{x}} = \boldsymbol{b} - \boldsymbol{N}\mathrm{d}\boldsymbol{x} \tag{4-22}$$

从式(4-22)可以看出，参数初值的改变并不影响法方程的系数矩阵，仅改变法方程的常数项，其改变量为 $-\boldsymbol{N}\mathrm{d}\boldsymbol{x}$，这对于程序实现是非常方便的。

**2. 参数合并**

在实际的法方程叠加过程中，往往需要对不同的参数进行合并处理，对 GPS

的数据处理而言，其典型的应用包括：

(1)对影响期间较短的对流层参数进行合并，形成对整个叠加期间均有效的对流层参数。

(2)对坐标参数的稳定性进行检核，对于没有显著性移动的坐标参数进行合并，或者对于同点不同名的点进行合并，以增强解的稳定性。

利用参数合并法进行处理的优势在于：在初始阶段，在对参数特性的认识还不完善的情况下，对每个解依据需要可建立尽可能多的参数，在后处理过程中可通过参数合并减少参数个数。

假定需要按下面的方式将参数矢量 $\hat{\boldsymbol{x}}$ 转换到 $\tilde{\boldsymbol{x}}$，即

$$\hat{\boldsymbol{x}}_{u\times 1} = [\cdots \quad \underbrace{\hat{\boldsymbol{x}}_i \quad \hat{\boldsymbol{x}}_{i+1} \quad \hat{x}_{i+2} \quad \cdots \quad \hat{\boldsymbol{x}}_{i+m-1}} \quad \cdots]^{\mathrm{T}} \tag{4-23}$$

$$\tilde{\boldsymbol{x}}_{(u-m+1)\times 1} = [\cdots \quad \tilde{\boldsymbol{x}}_i \quad \cdots]^{\mathrm{T}} \tag{4-24}$$

则相应地将 $m$ 个旧参数 $\hat{\boldsymbol{x}}_i, \hat{\boldsymbol{x}}_{i+1}, \hat{\boldsymbol{x}}_{i+2}, \cdots, \hat{\boldsymbol{x}}_{i+m-1}$ 合并为新参数 $\tilde{\boldsymbol{x}}_i$ 的转换方程为

$$\hat{\boldsymbol{x}} = \boldsymbol{C}\tilde{\boldsymbol{x}} + \mathrm{d}\boldsymbol{x} \tag{4-25}$$

其中，

$$\boldsymbol{C}^{\mathrm{T}} = \begin{bmatrix} 1 & & & & & & & \\ & \ddots & & & & & 0 & \\ & & 1 & & & & & \\ & & & 1 & 1 & \cdots & 1 & & \\ & & & & & & & 1 & \\ & 0 & & & & & & & \ddots \\ & & & & & & & & & 1 \end{bmatrix} \begin{matrix} \\ \\ \\ \leftarrow i \\ \\ \\ \leftarrow (u-m+1) \end{matrix},$$

$$\begin{matrix} \uparrow & \uparrow & & \uparrow \\ i & i+1 & & i+m-1 \end{matrix}$$

$\mathrm{d}\boldsymbol{x} = 0$。

可按照式(4-17)对法方程系统进行转换，由于 $\mathrm{d}\boldsymbol{x} = 0$，二次型 $\tilde{\boldsymbol{L}}^{\mathrm{T}}\boldsymbol{P}\tilde{\boldsymbol{L}}$ 保持不变，新的法方程系统由原来的 $u$ 维变为 $u-m+1$ 维。转换后的法方程系统系数矩阵为

$$\tilde{\boldsymbol{N}} = \begin{bmatrix} \boldsymbol{N}_{11} & \tilde{\boldsymbol{N}}_{12} & \boldsymbol{N}_{13} \\ \tilde{\boldsymbol{N}}_{12}^{\mathrm{T}} & \tilde{\boldsymbol{N}}_{22} & \tilde{\boldsymbol{N}}_{23} \\ \boldsymbol{N}_{13}^{\mathrm{T}} & \tilde{\boldsymbol{N}}_{23}^{\mathrm{T}} & \boldsymbol{N}_{33} \end{bmatrix} = \boldsymbol{C}^{\mathrm{T}} \begin{bmatrix} \boldsymbol{N}_{11} & \boldsymbol{N}_{12} & \boldsymbol{N}_{13} \\ \boldsymbol{N}_{12}^{\mathrm{T}} & \boldsymbol{N}_{22} & \boldsymbol{N}_{23} \\ \boldsymbol{N}_{13}^{\mathrm{T}} & \boldsymbol{N}_{23}^{\mathrm{T}} & \boldsymbol{N}_{33} \end{bmatrix} \boldsymbol{C} \tag{4-26}$$

$$\tilde{\boldsymbol{b}} = \begin{bmatrix} \boldsymbol{b}_1 \\ \tilde{\boldsymbol{b}}_2 \\ \boldsymbol{b}_3 \end{bmatrix} = \boldsymbol{C}^{\mathrm{T}} \begin{bmatrix} \boldsymbol{b}_1 \\ \boldsymbol{b}_2 \\ \boldsymbol{b}_3 \end{bmatrix} \tag{4-27}$$

其中，$(\tilde{\boldsymbol{N}}_{12})_{kl} = \sum_{j=1}^{m} (\boldsymbol{N}_{12})_{kj}$，$(\tilde{\boldsymbol{N}}_{23})_{kl} = \sum_{i=1}^{m} (\boldsymbol{N}_{23})_{ik}$，$(\tilde{\boldsymbol{N}}_{22})_{11} = \sum_{i=1}^{m}\sum_{j=1}^{m} (\boldsymbol{N}_{22})_{ij}$，

$\tilde{\boldsymbol{b}}_2 = \sum_{i=1}^{m} (\boldsymbol{b}_2)_i$。

**3. 法方程叠加**

法方程叠加的过程也可通过参数转换的思想予以解释。

假设为了确定共同的参数向量 $\hat{\boldsymbol{x}}_c$，进行了 $m$ 个独立的最小二乘处理。每个独立解 $i = 1,2,\cdots,m$ 可由下列法方程得出

$$\boldsymbol{B}_i^{\mathrm{T}} \boldsymbol{P}_i \boldsymbol{B}_i \hat{x}_i = \boldsymbol{B}_i^{\mathrm{T}} \boldsymbol{P}_i \boldsymbol{L}_i \tag{4-28}$$

通过解法方程可以估计出参数向量 $\hat{\boldsymbol{x}}_i$，以矩阵形式表示为

$$\begin{bmatrix} \boldsymbol{B}_1^{\mathrm{T}}\boldsymbol{P}_1\boldsymbol{B}_1 & & & 0 \\ & \boldsymbol{B}_2^{\mathrm{T}}\boldsymbol{P}_2\boldsymbol{B}_2 & & \\ & & \ddots & \\ 0 & & & \boldsymbol{B}_m^{\mathrm{T}}\boldsymbol{P}_m\boldsymbol{B}_m \end{bmatrix} \begin{bmatrix} \hat{\boldsymbol{x}}_1 \\ \hat{\boldsymbol{x}}_2 \\ \vdots \\ \hat{\boldsymbol{x}}_m \end{bmatrix} = \begin{bmatrix} \boldsymbol{B}_1^{\mathrm{T}}\boldsymbol{P}_1\boldsymbol{L}_1 \\ \boldsymbol{B}_2^{\mathrm{T}}\boldsymbol{P}_2\boldsymbol{L}_2 \\ \vdots \\ \boldsymbol{B}_m^{\mathrm{T}}\boldsymbol{P}_m\boldsymbol{L}_m \end{bmatrix} \tag{4-29}$$

或简写为

$$\boldsymbol{N}\hat{\boldsymbol{x}} = \boldsymbol{b} \tag{4-30}$$

由于每个独立解 $\hat{\boldsymbol{x}}_i$ 在最终的解中可统一为 $\hat{\boldsymbol{x}}_c$，在将 $\hat{\boldsymbol{x}}_i$ 视为 $\boldsymbol{x}_c$ 的虚拟观测值时，有形如 $\hat{\boldsymbol{x}} = \boldsymbol{C}\tilde{\boldsymbol{x}}$ 的参数转换方程如下

$$\begin{bmatrix} \hat{\boldsymbol{x}}_1 \\ \hat{\boldsymbol{x}}_2 \\ \vdots \\ \hat{\boldsymbol{x}}_m \end{bmatrix} = \begin{bmatrix} \boldsymbol{I} \\ \boldsymbol{I} \\ \vdots \\ \boldsymbol{I} \end{bmatrix} \hat{\boldsymbol{x}}_c \tag{4-31}$$

则组合后的法方程为

$$\tilde{\boldsymbol{N}}\hat{\boldsymbol{x}}_c = \tilde{\boldsymbol{b}} \tag{4-32}$$

其中，

$$\tilde{\boldsymbol{N}} = \sum_{i=1}^{m} \boldsymbol{B}_i^{\mathrm{T}} \boldsymbol{P}_i \boldsymbol{B}_i, \quad \tilde{\boldsymbol{b}} = \sum_{i=1}^{m} \boldsymbol{B}_i^{\mathrm{T}} \boldsymbol{P}_i \boldsymbol{L}_i$$

**4. 引入新参数**

对于一个法方程系统，在求逆之前，可以引入法方程系统中所不包含的新的未知参数。条件是新的未知参数在整个连续的法方程系统中的影响是可以忽略的，而且新的未知参数与已经存在的参数之间存在某种固定的对应关系，亦即新参数可由已经存在的参数派生出来，其典型的应用为测站速度参数的估计问题。

假定参数 $\hat{\boldsymbol{x}}_i$ 是新参数 $\delta_1$ 和 $\delta_2$ 的某种函数，有

$$\hat{\boldsymbol{x}}_i = f(\delta_1) + g(\delta_2), \quad i = 1,\cdots,m \tag{4-33}$$

对其线性化可得

$$\hat{\boldsymbol{x}}_i = \boldsymbol{F}_i \delta_1 + \boldsymbol{G}_i \delta_2 + \boldsymbol{c}_i \tag{4-34}$$

相对于参数转换方程(4-15)有

$$\boldsymbol{C}=[\boldsymbol{F}_i \quad \boldsymbol{G}_i],\quad \mathrm{d}\boldsymbol{x}=\boldsymbol{c}_i \tag{4-35}$$

转换后的法方程为

$$\widetilde{\boldsymbol{N}}\widetilde{\boldsymbol{x}}=\widetilde{\boldsymbol{b}} \tag{4-36}$$

其中，

$$\widetilde{\boldsymbol{x}}=[\delta_1 \quad \delta_2]^{\mathrm{T}}$$

$$\widetilde{\boldsymbol{N}}=\begin{bmatrix}\boldsymbol{F}_i^{\mathrm{T}}\boldsymbol{N}_i\boldsymbol{F}_i & \boldsymbol{F}_i^{\mathrm{T}}\boldsymbol{N}_i\boldsymbol{G}_i\\ \boldsymbol{G}_i^{\mathrm{T}}\boldsymbol{N}_i\boldsymbol{F}_i & \boldsymbol{G}_i^{\mathrm{T}}\boldsymbol{N}_i\boldsymbol{G}_i\end{bmatrix}$$

$$\widetilde{\boldsymbol{b}}=\begin{bmatrix}\boldsymbol{F}_i^{\mathrm{T}}(\boldsymbol{b}_i-\boldsymbol{N}_i\boldsymbol{c}_i)\\ \boldsymbol{G}_i^{\mathrm{T}}(\boldsymbol{b}_i-\boldsymbol{N}_i\boldsymbol{c}_i)\end{bmatrix}$$

对两个连续解进行叠加可以得到

$$\begin{bmatrix}\boldsymbol{F}_1^{\mathrm{T}}\boldsymbol{B}_1^{\mathrm{T}}\boldsymbol{P}_1\boldsymbol{B}_1\boldsymbol{F}_1+\boldsymbol{F}_2^{\mathrm{T}}\boldsymbol{B}_2^{\mathrm{T}}\boldsymbol{P}_2\boldsymbol{B}_2\boldsymbol{F}_2 & \boldsymbol{F}_1^{\mathrm{T}}\boldsymbol{B}_1^{\mathrm{T}}\boldsymbol{P}_1\boldsymbol{B}_1\boldsymbol{G}_1+\boldsymbol{F}_2^{\mathrm{T}}\boldsymbol{B}_2^{\mathrm{T}}\boldsymbol{P}_2\boldsymbol{B}_2\boldsymbol{G}_2\\ \boldsymbol{G}_1^{\mathrm{T}}\boldsymbol{B}_1^{\mathrm{T}}\boldsymbol{P}_1\boldsymbol{B}_1\boldsymbol{F}_1+\boldsymbol{G}_2^{\mathrm{T}}\boldsymbol{B}_2^{\mathrm{T}}\boldsymbol{P}_2\boldsymbol{B}_2\boldsymbol{F}_2 & \boldsymbol{G}_1^{\mathrm{T}}\boldsymbol{B}_1^{\mathrm{T}}\boldsymbol{P}_1\boldsymbol{B}_1\boldsymbol{G}_1+\boldsymbol{G}_2^{\mathrm{T}}\boldsymbol{B}_2^{\mathrm{T}}\boldsymbol{P}_2\boldsymbol{B}_2\boldsymbol{G}_2\end{bmatrix}\begin{bmatrix}\hat{\delta}_1\\ \hat{\delta}_2\end{bmatrix}$$

$$=\begin{bmatrix}\boldsymbol{F}_1^{\mathrm{T}}\boldsymbol{B}_1^{\mathrm{T}}\boldsymbol{P}_1\boldsymbol{L}_1+\boldsymbol{F}_2^{\mathrm{T}}\boldsymbol{B}_2^{\mathrm{T}}\boldsymbol{P}_2\boldsymbol{L}_2-\boldsymbol{F}_1^{\mathrm{T}}\boldsymbol{B}_1^{\mathrm{T}}\boldsymbol{P}_1\boldsymbol{B}_1\boldsymbol{c}_1-\boldsymbol{F}_2^{\mathrm{T}}\boldsymbol{B}_2^{\mathrm{T}}\boldsymbol{P}_2\boldsymbol{B}_2\boldsymbol{c}_2\\ \boldsymbol{G}_1^{\mathrm{T}}\boldsymbol{B}_1^{\mathrm{T}}\boldsymbol{P}_1\boldsymbol{L}_1+\boldsymbol{G}_2^{\mathrm{T}}\boldsymbol{B}_2^{\mathrm{T}}\boldsymbol{P}_2\boldsymbol{L}_2-\boldsymbol{G}_1^{\mathrm{T}}\boldsymbol{B}_1^{\mathrm{T}}\boldsymbol{P}_1\boldsymbol{B}_1\boldsymbol{c}_1-\boldsymbol{G}_2^{\mathrm{T}}\boldsymbol{B}_2^{\mathrm{T}}\boldsymbol{P}_2\boldsymbol{B}_2\boldsymbol{c}_2\end{bmatrix} \tag{4-37}$$

对测站坐标速度的估计是一个应用上述式(4-33)至式(4-37)的极好的例子。假定测站坐标参数 $\boldsymbol{x}_i$（对应于历元 $t_i$）可以表示为新的参数 $\boldsymbol{x}_{t0}$（历元 $t_0$ 时刻的参考坐标）和 $v_{t0}$（测站速度参数）的函数

$$\boldsymbol{x}_i=\boldsymbol{x}_{t0}+\Delta t_i\boldsymbol{v}_{t0} \tag{4-38}$$

$\Delta t_i$ 为第 $i$ 个解所对应的时刻与参考时刻的时间差，即 $\Delta t_i=t_i-t_0$ 。与前面的参数转换方程式(4-34)比较可知，式(4-38)是式(4-34)的一种特殊情形

$$\boldsymbol{c}_i=0,\quad \boldsymbol{F}_i=\boldsymbol{I}_i,\quad \boldsymbol{G}_i=\Delta t_i\boldsymbol{I}_i \tag{4-39}$$

当然，这些推导都以测站速度在每个测站坐标解 $\hat{\boldsymbol{x}}_i$ 作用期间的影响可以忽略为前提。实际上，在应用中每个测站坐标解的作用范围通常为一天，测站速度的影响在一天内是可以忽略的，因此，在法方程中引入新的测站速度参数的前提是成立的。

测站速度的估计需要至少两个不同历元的解以保证法方程系统的非奇异，相应的叠加后的法方程为

$$\begin{bmatrix}\boldsymbol{B}_1^{\mathrm{T}}\boldsymbol{P}_1\boldsymbol{B}_1+\boldsymbol{B}_2^{\mathrm{T}}\boldsymbol{P}_2\boldsymbol{B}_2 & \Delta t_1(\boldsymbol{B}_1^{\mathrm{T}}\boldsymbol{P}_1\boldsymbol{B}_1)+\Delta t_2(\boldsymbol{B}_2^{\mathrm{T}}\boldsymbol{P}_2\boldsymbol{B}_2)\\ \Delta t_1(\boldsymbol{B}_1^{\mathrm{T}}\boldsymbol{P}_1\boldsymbol{B}_1)+\Delta t_2(\boldsymbol{B}_2^{\mathrm{T}}\boldsymbol{P}_2\boldsymbol{B}_2) & \Delta t_1^2(\boldsymbol{B}_1^{\mathrm{T}}\boldsymbol{P}_1\boldsymbol{B}_1)+\Delta t_2^2(\boldsymbol{B}_2^{\mathrm{T}}\boldsymbol{P}_2\boldsymbol{B}_2)\end{bmatrix}\begin{bmatrix}\hat{\boldsymbol{x}}_{t0}\\ \hat{\boldsymbol{v}}_{t0}\end{bmatrix}$$

$$=\begin{bmatrix}\boldsymbol{B}_1^{\mathrm{T}}\boldsymbol{P}_1\boldsymbol{L}_1+\boldsymbol{B}_2^{\mathrm{T}}\boldsymbol{P}_2\boldsymbol{L}_2\\ \Delta t_1(\boldsymbol{B}_1^{\mathrm{T}}\boldsymbol{P}_1\boldsymbol{L}_1)+\Delta t_2(\boldsymbol{B}_2^{\mathrm{T}}\boldsymbol{P}_2\boldsymbol{L}_2)\end{bmatrix} \tag{4-40}$$

在式(4-38)中引入了额外的参数 $\boldsymbol{v}_{t0}$，当叠加 $m$ 个法方程时，在顾及测站坐标变化的情况下，对同一测站而言，$m$ 个独立的测站参数矢量可用上述的 2 个参数矢量估计，这样就将所估计的参数矢量由 $m$ 个减少为 2 个。

这种算法的前提是将测站速度的变化假设为匀速运动，对于测站速度的估计问题，在第5章中将有更为详细的描述。

**5. Helmert 参数转换**

在由单天解合成多天解或不同的空间子网的联合处理过程中，其不同的单天解文件或不同的空间子网之间可能存在系统性的差异。施闯将由不同原因所产生的系统误差，最终归结为4类(参见§2.7)。其通过附加系统误差参数对系统误差的影响予以消除。

依据施闯的思想，这些系统误差的影响归根到底都可解释为一种基准的差异。因此，对于这种基准的差异，采用 Helmert 基准转换的方法来消除其影响，在理论上是可行的。

对每个法方程系统，可引入7个 Helmert 转换参数(相对于综合解的平移、旋转、尺度参数)，并将这7个 Helmert 转换参数与坐标参数一同估计。这和先估计坐标参数，再利用所得到的坐标参数和其方差—协方差矩阵进行 Helmert 转换是一致的。

之所以要引入 Helmert 转换参数，主要是考虑到存在如下两种情形：

(1)将隐含不同框架、不同基准的 GPS 网解进行综合，为了分离不同参考框架定义的影响，需要附加转换参数。

(2)对不同观测技术所得到的解进行综合处理，例如经典的地面网和 GPS 网的联合处理，需要考虑不同观测技术之间所存在的系统性差异。

需要指出的是，在大多数的不同的 GPS 网的组合中不需要引入过多的 Helmert 参数，引入这些参数会消弱解的强度。

下面从虚拟观测方程及其相应的方差信息入手推导 Helmert 参数的引入过程，即

$$\begin{bmatrix}\hat{\boldsymbol{x}}_1\\ \hat{\boldsymbol{x}}_2\end{bmatrix}+\begin{bmatrix}\boldsymbol{v}_1\\ \boldsymbol{v}_2\end{bmatrix}=\begin{bmatrix}\boldsymbol{I}\\ \boldsymbol{I}\end{bmatrix}\hat{\boldsymbol{x}}_c,\boldsymbol{D}\begin{bmatrix}\hat{\boldsymbol{x}}_1\\ \hat{\boldsymbol{x}}_2\end{bmatrix}=\begin{bmatrix}\Sigma_1 & 0\\ 0 & \Sigma_2\end{bmatrix} \tag{4-41}$$

进一步假设参数矢量 $\hat{\boldsymbol{x}}_c$ 仅仅包含 $n$ 套三维坐标参数 $\hat{x}_i$，即 $\hat{\boldsymbol{x}}_c=[\hat{\boldsymbol{x}}_1\quad \hat{\boldsymbol{x}}_2\quad \cdots\quad \hat{\boldsymbol{x}}_n]^{\mathrm{T}}$ 。如果每组解都基于不同的系统，则需要引入7个相对于综合解 $\hat{\boldsymbol{x}}_c$ 的 Helmert 转换参数( $t_X,t_Y,t_Z,\alpha,\beta,\gamma,f$ )。假如对系统 $i$ 引入 Helmert 参数，可以写出

$$\hat{\boldsymbol{x}}_i+\boldsymbol{v}_i=(\hat{\boldsymbol{x}}_c+\boldsymbol{T}_i)\cdot f_i\cdot\boldsymbol{U}_i \tag{4-42}$$

则式(4-42)为 Helmert 参数转换方程。其中，矩阵 $\boldsymbol{T}_i$ 为 $3\cdot n\times 1$ 的向量，描述了平移部分。$f_i$ 为尺度因子，$\boldsymbol{U}_i$ 为 $3\cdot n\times 3$ 的矩阵向量，描述了旋转部分。

式(4-42)是非线性的，需要进行线性化。引入 Helmert 转换参数后，未知参数得到扩展，经线性化后构成如下新的参数矢量

$$\Delta\tilde{\boldsymbol{x}}_t = [\Delta\tilde{\boldsymbol{x}}_c \quad \Delta h'_i]^{\mathrm{T}} = [\Delta\hat{\boldsymbol{x}}_c \quad \Delta \boldsymbol{t}_{X_i} \quad \Delta \boldsymbol{t}_{Y_i} \quad \Delta \boldsymbol{t}_{Z_i} \quad \Delta\boldsymbol{\alpha}_i \quad \Delta\boldsymbol{\beta}_i \quad \Delta\boldsymbol{\gamma}_i \quad \Delta\boldsymbol{f}_i]^{\mathrm{T}} \tag{4-43}$$

线性化方程的矩阵形式为

$$\Delta\hat{\boldsymbol{x}}_i = \boldsymbol{E}_i \Delta\tilde{\boldsymbol{x}}_i = [E_{1i} \quad E_{2i} \quad E_{3i} \quad E_{4i}] \begin{bmatrix} \Delta\hat{\boldsymbol{x}}_c \\ \Delta\boldsymbol{t}_i \\ \Delta\boldsymbol{s}_i \\ \Delta\boldsymbol{f}_i \end{bmatrix} + (\hat{\boldsymbol{x}}_c|_0 - \hat{\boldsymbol{x}}_i|_0) \tag{4-44}$$

式(4-44)可用形如式(4-15)的参数转换方程表示，对于给定的参数 $\hat{\boldsymbol{x}}_i$ 及其方差矩阵 $\boldsymbol{\Sigma}_i$，其法方程系统可通过相应的法方程转换公式进行转换。

需要强调的是，上述 Helmert 转换过程与通常应用的 7 参数 Helmert 转换还是存在微小的差别的，因为在这种情况下，坐标参数和 Helmert 参数是同时估计的，而 7 参数 Helmert 转换只估计 Helmert 参数，将综合解 $\hat{\boldsymbol{x}}_c$ 强制约束到 $\hat{x}_1$，则意味着：$\hat{x}_2 = (\hat{x}_1 + T_2)\cdot f_2 \cdot U_2$。同样需要指出的是，这种方法考虑了全协方差信息。对于非线性方程，考虑到先验值可能会很差或者 Helmert 参数值会很大，因此需要迭代计算。

引入 Helmert 转换参数的方法与施闯所提出的附加系统误差参数的方法在效果上是一致的。

**6. 法方程标准化**

为了避免法方程数值解的不稳定，通常要用到法方程标准化的过程。原则上，对于法方程 $\boldsymbol{N}\hat{\boldsymbol{x}} = \boldsymbol{b}$，如果 $|\boldsymbol{N}| \neq 0$，法方程将是非奇异的，但 $|\boldsymbol{N}|$ 越小，法方程的解 $\hat{\boldsymbol{x}}$ 越不可靠。在法方程系数矩阵性态不好的情况下，$\boldsymbol{b}$ 的微小变化将导致所估计的参数 $\hat{\boldsymbol{x}}$ 的显著变化。

稳健的法方程系统应该满足：法方程的主对角线元素要大而且有良好的分布，且非主对角线元素要小。法方程奇异并非出现数值解问题的唯一原因，有时甚至不合理的参数单位(这会导致法方程主对角线元素数值之间存在量级上的差别)也会导致数值问题。法方程标准化的原理如下：

(1)为了使 $\boldsymbol{N}$ 中所有的对角线元素为“1”，需要对待估参数 $\hat{\boldsymbol{x}}$ 进行如下的参数转换

$$\hat{\boldsymbol{x}} = \mathrm{diag}(\boldsymbol{N}_{ii}^{-\frac{1}{2}})\tilde{\boldsymbol{x}} \tag{4-45}$$

相对于参数转换方程式(4-15)，有 $\boldsymbol{C} = \mathrm{diag}(\boldsymbol{N}_{ii}^{-\frac{1}{2}})$，$\mathrm{d}\boldsymbol{x} = 0$。

(2)转换后的法方程系统为

$$\tilde{\boldsymbol{N}} = \boldsymbol{C}^{\mathrm{T}}\boldsymbol{N}\boldsymbol{C} = \mathrm{diag}(\boldsymbol{N}_{ii}^{-\frac{1}{2}})^{\mathrm{T}}\boldsymbol{N}\mathrm{diag}(\boldsymbol{N}_{ii}^{-\frac{1}{2}}) = (\boldsymbol{N}_{ij}/\sqrt{\boldsymbol{N}_{ii}\boldsymbol{N}_{jj}}) \tag{4-46}$$

$$\tilde{\boldsymbol{b}} = \boldsymbol{C}^{\mathrm{T}}\boldsymbol{b} = \mathrm{diag}(\boldsymbol{N}_{ii}^{-\frac{1}{2}})^{\mathrm{T}}\boldsymbol{b} = (\boldsymbol{b}_i/\sqrt{\boldsymbol{N}_{ii}}) \tag{4-47}$$

相应的二次型 $\tilde{\boldsymbol{l}}^{\mathrm{T}}\boldsymbol{P}\tilde{\boldsymbol{l}}$ 保持不变，在这种情况下，标准化就是一个尺度的转换。

总体而言，法方程标准化与将协方差矩阵变换为相关系数矩阵的过程比较相近。

以上利用参数转换的方法对参数先验初值的统一、参数合并、法方程叠加、新参数的引入、法方程的标准化等基本算法在理论上进行了统一。对于多类多天参数的联合估计而言，参数转换是一种最基本、最核心的算法。

## §4.4 参数的约束与基准的引入

前已述及，利用单天解 SINEX 文件进行综合处理时，需先消除先验约束的影响，同时在综合求解测站坐标参数、测站速度参数、地球动力学参数、地球自转参数以及轨道参数等多类参数时，需要附加一些额外的约束条件，比如地球自转参数以及轨道参数的边界连续条件等。此后为保证法方程的非奇异，尚需引入基准条件。基准条件的引入又有两种方式：一种是将基准条件之间所存在的内在联系作为含误差的附加观测值引入；另一种是将基准条件作为直接的虚拟观测值，通过引入虚拟观测值的误差方程施加影响。下面将逐一对附加约束条件的引入和基准的引入过程予以说明。

### 4.4.1 附加参数约束的 GM 模型

附有参数约束的 GM 模型为

$$E(\boldsymbol{L}) = \boldsymbol{Bx},\ \boldsymbol{Cx} = \boldsymbol{w},\ D(\boldsymbol{L}) = \sigma^2 \boldsymbol{P}^{-1} \tag{4-48}$$

其中，

$\boldsymbol{C}$ 为给定 $r \times u$ 的约束矩阵系数，$R(\boldsymbol{C}) = r$；

$\boldsymbol{w}$ 为 $r \times 1$ 的已知约束矢量；

$r$ 为约束的数目。

对于附有参数约束的 GM 模型，最小二乘估计方法要求在满足 $\boldsymbol{Cx} = \boldsymbol{w}$ 的前提下保持二次型 $\Omega$ 最小，其法方程为

$$\begin{bmatrix} \boldsymbol{B}^{\mathrm{T}}\boldsymbol{PB} & \boldsymbol{C}^{\mathrm{T}} \\ \boldsymbol{C} & 0 \end{bmatrix} \begin{bmatrix} \hat{\hat{\boldsymbol{x}}} \\ \boldsymbol{k} \end{bmatrix} = \begin{bmatrix} \boldsymbol{B}^{\mathrm{T}}\boldsymbol{PL} \\ \boldsymbol{w} \end{bmatrix} \tag{4-49}$$

式(4-49)是附加参数约束条件后的法方程系统，其为不附加任何参数约束条件的法方程系统 $\boldsymbol{B}^{\mathrm{T}}\boldsymbol{PB}\hat{\boldsymbol{x}} = \boldsymbol{B}^{\mathrm{T}}\boldsymbol{PL}$ 的扩展。

对于式(4-49)，其参数估计值为

$$\begin{aligned} \hat{\hat{\boldsymbol{x}}} &= (\boldsymbol{B}^{\mathrm{T}}\boldsymbol{PB})^{-1}(\boldsymbol{B}^{\mathrm{T}}\boldsymbol{PL} - \boldsymbol{C}^{\mathrm{T}}\boldsymbol{K}) \\ &= (\boldsymbol{B}^{\mathrm{T}}\boldsymbol{PB})^{-1}\{\boldsymbol{B}^{\mathrm{T}}\boldsymbol{PL} + \boldsymbol{C}^{\mathrm{T}}[\boldsymbol{C}(\boldsymbol{B}^{\mathrm{T}}\boldsymbol{PB})^{-1}\boldsymbol{C}^{\mathrm{T}}]^{-1} \\ &\quad [\boldsymbol{w} - \boldsymbol{C}^{\mathrm{T}}(\boldsymbol{B}^{\mathrm{T}}\boldsymbol{PB})^{-1}\boldsymbol{B}^{\mathrm{T}}\boldsymbol{PL}]\} \\ &= \hat{\boldsymbol{x}} - (\boldsymbol{B}^{\mathrm{T}}\boldsymbol{PB})^{-1}\boldsymbol{C}^{\mathrm{T}}[\boldsymbol{C}(\boldsymbol{B}^{\mathrm{T}}\boldsymbol{PB})^{-1}\boldsymbol{C}^{\mathrm{T}}]^{-1}(\boldsymbol{C}\hat{\boldsymbol{x}} - \boldsymbol{w}) \end{aligned} \tag{4-50}$$

$$D(\hat{\hat{x}}) = \sigma^2\{(\boldsymbol{B}^{\mathrm{T}}\boldsymbol{PB})^{-1} - (\boldsymbol{B}^{\mathrm{T}}\boldsymbol{PB})^{-1} \boldsymbol{C}^{\mathrm{T}}[\boldsymbol{C}(\boldsymbol{B}^{\mathrm{T}}\boldsymbol{PB})^{-1}\boldsymbol{C}^{\mathrm{T}}]^{-1}\boldsymbol{C}(\boldsymbol{B}^{\mathrm{T}}\boldsymbol{PB})^{-1}\} \tag{4-51}$$

$$\begin{aligned}\hat{\hat{\Omega}} &= \Omega + (\boldsymbol{C}\hat{\boldsymbol{x}} - \boldsymbol{w})^{\mathrm{T}}[\boldsymbol{C}(\boldsymbol{B}^{\mathrm{T}}\boldsymbol{PB})^{-1}\boldsymbol{C}^{\mathrm{T}}]^{-1}(\boldsymbol{C}\hat{\boldsymbol{x}} - \boldsymbol{w}) \\ &= \Omega + (\hat{\hat{\boldsymbol{x}}} - \hat{\boldsymbol{x}})^{\mathrm{T}}(\boldsymbol{B}^{\mathrm{T}}\boldsymbol{PB})^{-1}(\hat{\hat{\boldsymbol{x}}} - \hat{\boldsymbol{x}}) \\ &= \boldsymbol{L}^{\mathrm{T}}\boldsymbol{PL} - \boldsymbol{L}^{\mathrm{T}}\boldsymbol{PB}\hat{\hat{\boldsymbol{x}}} - \boldsymbol{w}^{\mathrm{T}}\boldsymbol{k}\end{aligned} \tag{4-52}$$

式中，$\boldsymbol{k}$ 为联系数向量，$\hat{\boldsymbol{x}}$ 和 $\Omega$ 为 GM 模型的参数估值和二次型，$\hat{\hat{\boldsymbol{x}}}$ 和 $\hat{\hat{\boldsymbol{\Omega}}}$ 为附有参数约束的 GM 模型的参数估值和二次型。附有参数约束的 GM 模型在后文的地球自转参数的估计中会用到。

### 4.4.2 基准约束的引入

**1. 将基准条件之间的内在联系作为含误差的附加观测值**

通常，某一类观测值不一定对所有的待估参数都是敏感的，在这种情况下，法方程 $\boldsymbol{N}\hat{\boldsymbol{x}} = \boldsymbol{b}$ 是奇异的，其 $|\boldsymbol{N}| = 0$。例如距离观测一般不包含大地基准的定向信息。在最小二乘解中，需要引入额外的信息以保证法方程的非奇异性。

对于 GPS 网，为保证法方程的非奇异性，一般将至少一个站的坐标固定，这等同于在法方程中没有这个参数；另外一种方法是将有关的基准信息表述成下述形式

$$\boldsymbol{H}\hat{\boldsymbol{x}} = \boldsymbol{w} + \boldsymbol{\Delta}_w, \quad D(\boldsymbol{w}) = \sigma^2\boldsymbol{P}_w^{-1} \tag{4-53}$$

其中，

$\boldsymbol{H}$ 为 $r \times u$ 的包含给定系数的矩阵，$R(\boldsymbol{H}) = r$；$r$ 为约束方程的个数，$r < u$；$\hat{\boldsymbol{x}}$ 为 $u \times 1$ 的未知参数矢量；$\boldsymbol{w}$ 为 $r \times 1$ 的已知约束矢量；$\boldsymbol{\Delta}_w$ 为 $r \times 1$ 的残差矢量；$\boldsymbol{P}_w^{-1}$ 为 $r \times r$ 的引入的约束方程的偏差矩阵。

式(4-53)表达了基准条件之间的内在联系，这种约束与附加约束条件的 GM 模型中的约束条件方程有一个重要的差别：在式(4-53)中约束方程的偏差矩阵 $D(\boldsymbol{w}) = \sigma^2\boldsymbol{P}_w^{-1}$ 是明确给定的，而在附加约束条件的 GM 模型中，约束条件方程隐含有 $\boldsymbol{P}_w^{-1} \to 0(\boldsymbol{P}_w \to \infty)$。附加约束条件的 GM 模型是在满足约束条件的情况下达到残差平方和最小，而对于式(4-53)，残差平方和最小只在指定的偏差矩阵 $\boldsymbol{P}_w^{-1}$ 下有效。

如果约束是非线性的，则需通过泰勒级数展开进行线性化。可将基准条件之间所存在的内在联系作为含误差的附加观测值，亦即将式(4-53)作为一个附加的额外的虚拟观测值，则整个观测方程为

$$\begin{bmatrix}\boldsymbol{L}\\ \boldsymbol{w}\end{bmatrix} + \begin{bmatrix}\boldsymbol{\Delta}_l\\ \boldsymbol{\Delta}_w\end{bmatrix} = \begin{bmatrix}\boldsymbol{B}\\ \boldsymbol{H}\end{bmatrix}\tilde{\boldsymbol{x}}, \quad D\begin{bmatrix}\boldsymbol{L}\\ \boldsymbol{w}\end{bmatrix} = \sigma^2\begin{bmatrix}\boldsymbol{P}^{-1} & 0\\ 0 & \boldsymbol{P}_w^{-1}\end{bmatrix} \tag{4-54}$$

对应的法方程系统 $\tilde{\boldsymbol{N}}\tilde{\boldsymbol{x}} = \tilde{\boldsymbol{b}}$ 为

$$(\boldsymbol{B}^{\mathrm{T}}\boldsymbol{P}\boldsymbol{B} + \boldsymbol{H}^{\mathrm{T}}\boldsymbol{P}_w\boldsymbol{H})\tilde{\boldsymbol{x}} = \boldsymbol{B}^{\mathrm{T}}\boldsymbol{P}\boldsymbol{L} + \boldsymbol{H}^{\mathrm{T}}\boldsymbol{P}_w\boldsymbol{w} \tag{4-55}$$

即 $\widetilde{\boldsymbol{N}} = (\boldsymbol{B}^{\mathrm{T}}\boldsymbol{P}\boldsymbol{B} + \boldsymbol{H}^{\mathrm{T}}\boldsymbol{P}_w\boldsymbol{H})$，$\tilde{\boldsymbol{b}} = \boldsymbol{B}^{\mathrm{T}}\boldsymbol{P}\boldsymbol{L} + \boldsymbol{H}^{\mathrm{T}}\boldsymbol{P}_w\boldsymbol{w}$ 。

**2.将基准条件作为直接的虚拟观测值**

将 $\boldsymbol{x} = (x_1,\cdots,x_j,\cdots,x_u)$ 中的参数 $x_j$ 在指定的权矩阵 $\boldsymbol{P}_j$ 下约束到其给定值 $x_j$，则可建立直接虚拟观测方程

$$\hat{x}_j = x_j + \Delta_j,\quad D(x_j) = \sigma^2\boldsymbol{P}_j^{-1} \tag{4-56}$$

相对于式(4-53)，此时有 $r = 1$，$\boldsymbol{w} = w_j = 0$，$\boldsymbol{H} = I_j = [0\ \cdots\ 1\ \cdots\ \cdots\ 0]^{\mathrm{T}}$，

$$\boldsymbol{P}_w = \begin{bmatrix} 0 & & & & \\ & \ddots & & & \\ & & P_j & & \\ & & & \ddots & \\ & & & & 0 \end{bmatrix}$$

。将其代入式(4-55)，有

$$(\boldsymbol{B}^{\mathrm{T}}\boldsymbol{P}\boldsymbol{B} + \boldsymbol{P}_j)\tilde{\boldsymbol{x}} = \boldsymbol{B}^{\mathrm{T}}\boldsymbol{P}\boldsymbol{L} \tag{4-57}$$

为了估计单位权方差 $\tilde{\sigma}^2$，相应的二次型 $\tilde{\Omega}$ 为

$$\Omega = \boldsymbol{\Delta}_l^{\mathrm{T}}\boldsymbol{P}\boldsymbol{\Delta}_l + \boldsymbol{\Delta}_w^{\mathrm{T}}\boldsymbol{P}_w\boldsymbol{\Delta}_w \tag{4-58}$$

由此可见，同不附加额外约束的观测方程相比，其区别仅在于最小二乘估计的条件由 $\boldsymbol{\Delta}_l^{\mathrm{T}}\boldsymbol{P}\boldsymbol{\Delta}_l + \boldsymbol{\Delta}_w^{\mathrm{T}}\boldsymbol{P}_w\boldsymbol{\Delta}_w = \min$ 代替了 $\boldsymbol{\Delta}_l^{\mathrm{T}}\boldsymbol{P}\boldsymbol{\Delta}_l = \min$。将 $\boldsymbol{\Delta}_l = \boldsymbol{B}\tilde{\boldsymbol{x}} - \boldsymbol{L}$ 和 $\boldsymbol{\Delta}_w = \boldsymbol{H}\tilde{\boldsymbol{x}} - \boldsymbol{w}$ 带入式(4-58)，同时顾及式(4-55)中有 $\tilde{\boldsymbol{b}} = \boldsymbol{B}^{\mathrm{T}}\boldsymbol{P}\boldsymbol{L} + \boldsymbol{H}^{\mathrm{T}}\boldsymbol{P}_w\boldsymbol{w}$，则 $\tilde{\boldsymbol{b}}^{\mathrm{T}} = \boldsymbol{I}^{\mathrm{T}}\boldsymbol{P}\boldsymbol{B} + \boldsymbol{w}^{\mathrm{T}}\boldsymbol{P}_w\boldsymbol{H}$ ，得

$$\begin{aligned}\tilde{\Omega} &= \boldsymbol{L}^{\mathrm{T}}\boldsymbol{P}\boldsymbol{L} + \boldsymbol{w}^{\mathrm{T}}\boldsymbol{P}_w\boldsymbol{w} - (\boldsymbol{L}^{\mathrm{T}}\boldsymbol{P}\boldsymbol{B} + \boldsymbol{w}^{\mathrm{T}}\boldsymbol{P}_w\boldsymbol{H})\tilde{\boldsymbol{x}} \\ &= \boldsymbol{L}^{\mathrm{T}}\boldsymbol{P}\boldsymbol{L} - \tilde{\boldsymbol{b}}^{\mathrm{T}}\tilde{\boldsymbol{x}} + \boldsymbol{w}^{\mathrm{T}}\boldsymbol{P}_w\boldsymbol{w}\end{aligned} \tag{4-59}$$

估计的单位权方差为

$$\tilde{\sigma}^2 = \frac{\tilde{\Omega}}{n_l - u_l + n_w} \tag{4-60}$$

与利用相对比较复杂的附有限制条件的GM模型公式进行参数估计相比，将待估参数通过直接虚拟观测值的方法约束到某一特定值在应用过程中是非常有效的。然而应用这种简单的方法进行参数约束时必须非常小心，因为我们必须面对这样的问题：参数估计的结果是原始观测值得到的结果，还是已经被额外的所引入的虚拟观测值的观测方程严重地影响了。回答此类问题的关键在于所给定的先验权矩阵 $\boldsymbol{P}_w$ 的大小及所涉及的观测方程的个数。

假如只涉及少量的观测值，相对较小的权对于将特定的参数约束到某一特定值就已足够了，但对于涉及大量观测值的法方程系统则存在问题，在这种情况下，

相对较小的权将不能将参数约束到所期望的值。

采用特大的权则有可能对求逆和计算单位权中误差带来数值问题，对于 $\boldsymbol{H}^{\mathrm{T}}\boldsymbol{P}_w\boldsymbol{H}$、$\boldsymbol{w}^{\mathrm{T}}\boldsymbol{P}_w\boldsymbol{H}$ 和 $\boldsymbol{w}^{\mathrm{T}}\boldsymbol{P}_w\boldsymbol{w}$ 的计算将会产生此类问题。需要特别说明的是，如果 $\boldsymbol{P}_w$ 很大而 $\boldsymbol{w}$ 很小，则更容易产生数值计算问题。

可以针对各种类型的参数附加约束，即使是那些不显著的参数。那些引起奇异问题的参数是附加约束的潜在对象，在法方程叠加中可将那些不附加任何约束的参数放在后面估计。

### 4.4.3 附加虚拟观测值方程与附加约束条件的一致性

在 $\boldsymbol{P}_w$ 无穷大的情况下，将基准条件之间的内在联系作为含误差的附加虚拟观测值的平差公式可转换为附有参数约束的 GMM 公式。对于式(4-55)，设 $\boldsymbol{P}_w^{-1}=\sigma_w^2\boldsymbol{I}$，其中 $\sigma_w^2$ 可取一个非常小的值以保证额外的虚拟观测值的权足够大，有

$$\hat{\boldsymbol{x}}=(\boldsymbol{B}^{\mathrm{T}}\boldsymbol{PB}+\boldsymbol{H}^{\mathrm{T}}\boldsymbol{H}/\sigma_w^2)^{-1}(\boldsymbol{B}^{\mathrm{T}}\boldsymbol{PL}+\boldsymbol{H}^{\mathrm{T}}\boldsymbol{w}/\sigma_w^2) \tag{4-61}$$

利用矩阵分块求逆公式 $(\boldsymbol{A}^{-1}-\boldsymbol{BD}^{-1}\boldsymbol{C})^{-1}=\boldsymbol{A}+\boldsymbol{AB}(\boldsymbol{D}-\boldsymbol{CAB})^{-1}\boldsymbol{CA}$，有

$$\begin{aligned}\hat{\boldsymbol{x}}=&(\boldsymbol{B}^{\mathrm{T}}\boldsymbol{PB})^{-1}\{\boldsymbol{B}^{\mathrm{T}}\boldsymbol{PL}+\boldsymbol{H}^{\mathrm{T}}[\sigma_w^2\boldsymbol{I}+\boldsymbol{H}(\boldsymbol{B}^{\mathrm{T}}\boldsymbol{PB})^{-1}\boldsymbol{H}^{\mathrm{T}}]^{-1}[\boldsymbol{w}-\boldsymbol{H}^{\mathrm{T}}(\boldsymbol{B}^{\mathrm{T}}\boldsymbol{PB})^{-1}\boldsymbol{B}^{\mathrm{T}}\boldsymbol{PL}]\}+\\&(\boldsymbol{B}^{\mathrm{T}}\boldsymbol{PB})^{-1}\{\boldsymbol{H}^{\mathrm{T}}[\sigma_w^2\boldsymbol{I}+\boldsymbol{H}(\boldsymbol{B}^{\mathrm{T}}\boldsymbol{PB})^{-1}\boldsymbol{H}^{\mathrm{T}}]^{-1}\boldsymbol{w}+(1/\sigma_w^2)\boldsymbol{H}^{\mathrm{T}}\boldsymbol{w}-\\&(1/\sigma_w^2)\boldsymbol{H}^{\mathrm{T}}[\sigma_w^2\boldsymbol{I}+\boldsymbol{H}(\boldsymbol{B}^{\mathrm{T}}\boldsymbol{PB})^{-1}\boldsymbol{H}^{\mathrm{T}}]^{-1}\boldsymbol{H}(\boldsymbol{B}^{\mathrm{T}}\boldsymbol{PB})^{-1}\boldsymbol{H}^{\mathrm{T}}\boldsymbol{w}\}\end{aligned} \tag{4-62}$$

当 $\sigma_w^2\rightarrow 0$ 时，有

$$\begin{aligned}\lim_{\sigma_w^2\rightarrow 0}\hat{\boldsymbol{x}}=&\lim_{\sigma_w^2\rightarrow 0}(\boldsymbol{B}^{\mathrm{T}}\boldsymbol{PB})^{-1}\{\boldsymbol{B}^{\mathrm{T}}\boldsymbol{PL}+\boldsymbol{H}^{\mathrm{T}}[\sigma_w^2\boldsymbol{I}+\boldsymbol{H}(\boldsymbol{B}^{\mathrm{T}}\boldsymbol{PB})^{-1}\boldsymbol{H}^{\mathrm{T}}]^{-1}[\boldsymbol{w}-\\&\boldsymbol{H}^{\mathrm{T}}(\boldsymbol{B}^{\mathrm{T}}\boldsymbol{PB})^{-1}\boldsymbol{B}^{\mathrm{T}}\boldsymbol{PL}]\}+\lim_{\sigma_w^2\rightarrow 0}(\boldsymbol{B}^{\mathrm{T}}\boldsymbol{PB})^{-1}\{\boldsymbol{H}^{\mathrm{T}}[\sigma_w^2\boldsymbol{I}+\boldsymbol{H}(\boldsymbol{B}^{\mathrm{T}}\boldsymbol{PB})^{-1}\boldsymbol{H}^{\mathrm{T}}]^{-1}\boldsymbol{w}+\\&(1/\sigma_w^2)\boldsymbol{H}^{\mathrm{T}}\boldsymbol{w}-(1/\sigma_w^2)\boldsymbol{H}^{\mathrm{T}}[\sigma_w^2\boldsymbol{I}+\boldsymbol{H}(\boldsymbol{B}^{\mathrm{T}}\boldsymbol{PB})^{-1}\boldsymbol{H}^{\mathrm{T}}]^{-1}\boldsymbol{H}(\boldsymbol{B}^{\mathrm{T}}\boldsymbol{PB})^{-1}\boldsymbol{H}^{\mathrm{T}}\boldsymbol{w})\end{aligned} \tag{4-63}$$

顾及式(4-50)，有

$$\lim_{\sigma_w^2\rightarrow 0}\hat{\boldsymbol{x}}=\hat{\hat{\boldsymbol{x}}}+\lim_{\sigma_w^2\rightarrow 0}[(1/\sigma_w^2)\boldsymbol{H}^{\mathrm{T}}\boldsymbol{w}-(1/\sigma_w^2)\boldsymbol{H}^{\mathrm{T}}\boldsymbol{w}]=\hat{\hat{\boldsymbol{x}}} \tag{4-64}$$

由此可见，在 $\boldsymbol{P}_w$ 无穷大的情况下，附加虚拟观测值方程与附加约束条件在效果上是一致的。这种一致性是非常有用的，因为这样可以比较容易地处理所引入的基准约束。

## §4.5　待估参数的快速解算方法

在利用连续的单天解进行合成处理的过程中，每个单天解所包含的参数有相同的(如测站坐标参数、测站速度参数等)，也有不同的参数(如对流层参数、整周模糊度参数等)，设对 $n$ 个连续单天解进行综合处理，可考虑其原始的误差

方程如下

$$\begin{bmatrix} \boldsymbol{V}_1 \\ \boldsymbol{V}_2 \\ \vdots \\ \boldsymbol{V}_n \end{bmatrix} = \begin{bmatrix} \boldsymbol{B}_1 & & & & \boldsymbol{B}_{1s} \\ & \boldsymbol{B}_2 & & & \boldsymbol{B}_{2s} \\ & & \ddots & & \vdots \\ & & & \boldsymbol{B}_n & \boldsymbol{B}_{ns} \end{bmatrix} \begin{bmatrix} \hat{\boldsymbol{x}}_1 \\ \hat{\boldsymbol{x}}_2 \\ \vdots \\ \hat{\boldsymbol{x}}_n \\ \hat{\boldsymbol{x}}_s \end{bmatrix} - \begin{bmatrix} \boldsymbol{L}_1 \\ \boldsymbol{L}_2 \\ \vdots \\ \boldsymbol{L}_n \end{bmatrix} \tag{4-65}$$

式中，$\hat{\boldsymbol{x}}_i(i=1,2,\cdots,n)$ 为单天解中每一天所特有的参数，如对流层参数、整周模糊度参数、地球自转参数等，而 $\hat{\boldsymbol{x}}_s$ 为单天解所共有的参数，如测站坐标参数、测站速度参数等，$\boldsymbol{B}_i,\boldsymbol{B}_{is}(i=1,2,\cdots,n)$ 为相应的设计矩阵，$\boldsymbol{L}_i(i=1,2,\cdots,n)$ 为每天的观测向量。

设其权矩阵为 $\boldsymbol{P}_i(i=1,2,\cdots,n)$，则法方程为

$$\begin{bmatrix} \boldsymbol{N}_1 & & & & \boldsymbol{N}_{1s} \\ & \boldsymbol{N}_2 & & & \boldsymbol{N}_{2s} \\ & & \ddots & & \vdots \\ & & & \boldsymbol{N}_n & \boldsymbol{N}_{ns} \\ \boldsymbol{N}_{1s}^{\mathrm{T}} & \boldsymbol{N}_{2s}^{\mathrm{T}} & \cdots & \boldsymbol{N}_{ns}^{\mathrm{T}} & \boldsymbol{N}_s \end{bmatrix} \begin{bmatrix} \hat{\boldsymbol{x}}_1 \\ \hat{\boldsymbol{x}}_2 \\ \vdots \\ \hat{\boldsymbol{x}}_n \\ \hat{\boldsymbol{x}}_s \end{bmatrix} = \begin{bmatrix} \boldsymbol{b}_1 \\ \boldsymbol{b}_2 \\ \vdots \\ \boldsymbol{b}_n \\ \boldsymbol{b}_s \end{bmatrix} \tag{4-66}$$

式中，$\boldsymbol{N}_i=\boldsymbol{B}_i^{\mathrm{T}}\boldsymbol{P}_i\boldsymbol{B}_i(i=1,2,\cdots,n)$，$\boldsymbol{b}_i=\boldsymbol{B}_i^{\mathrm{T}}\boldsymbol{P}_i\boldsymbol{L}_i(i=1,2,\cdots,n)$，$\boldsymbol{N}_s=\boldsymbol{B}_{ns}^{\mathrm{T}}\boldsymbol{P}_n\boldsymbol{B}_{ns}$，$\boldsymbol{N}_{is}=\boldsymbol{B}_i^{\mathrm{T}}\boldsymbol{P}_i\boldsymbol{B}_{is}(i=1,2,\cdots,n)$。

由式(4-66)，将非共有参数 $\hat{\boldsymbol{x}}_i(i=1,2,\cdots,n)$ 预先消除，得到如下方程

$$\left(\boldsymbol{N}_s-\sum_{i=1}^{n}\boldsymbol{N}_{is}^{\mathrm{T}}\boldsymbol{N}_i^{-1}\boldsymbol{N}_{is}\right)\hat{\boldsymbol{x}}_s=\boldsymbol{b}_s-\sum_{i=1}^{n}\boldsymbol{N}_{is}^{\mathrm{T}}\boldsymbol{N}_i^{-1}\boldsymbol{b}_i \tag{4-67}$$

式中，$\boldsymbol{N}_{is}^{\mathrm{T}}\boldsymbol{N}_i^{-1}\boldsymbol{N}_{is}$、$\boldsymbol{N}_{is}^{\mathrm{T}}\boldsymbol{N}_i^{-1}\boldsymbol{b}_i$ 称为约化矩阵(宋力杰等，2003)。

显然在计算约化矩阵时需要计算每个单天解的逆矩阵 $\boldsymbol{N}_i^{-1}$，需要耗费大量的计算时间。可通过 Cholesky 分解方法避免大量求逆的过程。设

$$\boldsymbol{N}_{is}=[\boldsymbol{n}_1 \quad \boldsymbol{n}_2 \quad \cdots \quad \boldsymbol{n}_k] \tag{4-68}$$

式中，$\boldsymbol{n}_1,\boldsymbol{n}_2,\cdots,\boldsymbol{n}_k$ 均为列向量，再令

$$\boldsymbol{N}_i^{-1}\boldsymbol{N}_{is}=\boldsymbol{M} \tag{4-69}$$

$$\boldsymbol{M}=[m_1 \quad m_2 \quad \cdots \quad m_k] \tag{4-70}$$

将式(4-69)两边同时乘以 $\boldsymbol{N}_i$，有

$$\boldsymbol{N}_{is}=\boldsymbol{N}_i\boldsymbol{M} \tag{4-71}$$

不难看出，$\boldsymbol{m}_j(j=1,2,\cdots,k)$ 是下列方程的解

$$\boldsymbol{N}_i\boldsymbol{m}_j=\boldsymbol{n}_j \tag{4-72}$$

式中，$\boldsymbol{n}_j$ 是已知向量，$\boldsymbol{m}_j$ 是待求向量。

采用 Cholesky 矩阵分解，将法方程的矩阵 $\boldsymbol{N}$ 分解为一个下三角矩阵与其转置矩阵的乘积，通过约化的方法进行消元。将式(4-72) 中的 $\boldsymbol{N}_i$ 通过 Cholesky 分解方

法分解为一个下三角矩阵 $\boldsymbol{L}_i$ 与其转置矩阵 $\boldsymbol{L}_i^{\mathrm{T}}$ 的之积，即

$$\boldsymbol{L}_i\boldsymbol{L}_i^{\mathrm{T}}\boldsymbol{m}_j = \boldsymbol{n}_j \tag{4-73}$$

令

$$\boldsymbol{L}_i^{\mathrm{T}}\boldsymbol{m}_j = \boldsymbol{Y} \tag{4-74}$$

则有

$$\boldsymbol{L}_i\boldsymbol{Y} = \boldsymbol{n}_j \tag{4-75}$$

因 $\boldsymbol{L}_i$ 为下三角矩阵，可由式(4-75)按逐步迭代的方法求出 $\boldsymbol{Y}$，再由式(4-74)求出 $\boldsymbol{m}_j$。求出 $\boldsymbol{m}_j$ 后，即可求得矩阵 $\boldsymbol{M}$，约化矩阵可表示为

$$\boldsymbol{N}_{is}^{\mathrm{T}}\boldsymbol{N}_i^{-1}\boldsymbol{N}_{is} = \boldsymbol{N}_{is}^{\mathrm{T}}\boldsymbol{M} \tag{4-76}$$

$$\boldsymbol{N}_{is}^{\mathrm{T}}\boldsymbol{N}_i^{-1}\boldsymbol{b}_i = \boldsymbol{M}^{\mathrm{T}}\boldsymbol{b}_i \tag{4-77}$$

式(4-76)和式(4-77)的左端和右端代表了不同的计算思路。按左端计算约化矩阵，需要先计算 $\boldsymbol{N}_i^{-1}$，再计算有关矩阵的乘积，得到约化矩阵；按右端，先解方程式(4-72)，得到矩阵 $\boldsymbol{M}$，进而得到约化矩阵。解方程式(4-72)时，采用 Cholesky 分解方法，使得整个过程都不进行求逆，减少了计算工作量。

求出约化矩阵后，按下式

$$\hat{\boldsymbol{x}}_s = \left(\boldsymbol{N}_s - \sum_{i=1}^{n}\boldsymbol{N}_{is}^{\mathrm{T}}\boldsymbol{N}_i^{-1}\boldsymbol{N}_{is}\right)^{-1}\left(\boldsymbol{b}_s - \sum_{i=1}^{n}\boldsymbol{N}_{is}^{\mathrm{T}}\boldsymbol{N}_i^{-1}\boldsymbol{b}_i\right) \tag{4-78}$$

可求得单天解所共有的参数。

对式(4-78)的求解，因只需求 $\boldsymbol{N}_s - \sum_{i=1}^{n}\boldsymbol{N}_{is}^{\mathrm{T}}\boldsymbol{N}_i^{-1}\boldsymbol{N}_{is}$ 的逆，仅进行一次求逆计算，可直接采用经典的求逆方法，当然，也可再次采用前述的 Cholesky 分解方法进行计算。

将式(4-78)代入式(4-66)，则可求出每一天的非共有参数。

## §4.6　本章小结

本章利用参数转换的方法对参数先验值的统一、参数合并、法方程叠加、新参数的引入、法方程的标准化等基本算法从理论上进行了统一，对基于坐标模式的广义网平差模型的算法实现所涉及的若干关键问题进行了详细推导，为基于坐标模式的广义网平差的实现提供了理论基础。

# 第5章　坐标参数、速度参数、地球自转参数估计

在第3章和第4章中，对基于坐标模式的广义网平差的算法实现的若干技术问题进行了详细的论述，其核心在于参数转换方法的灵活应用。依据前文所述的算法，笔者通过程序实现了坐标参数估计、速度参数估计、地球自转参数估计以及轨道参数的合成，下面结合算法实现的细节问题，逐一进行说明。

## §5.1　测站坐标参数估计

对于目前所建立的大部分GPS网而言，其主要目的在于建立高等级的控制网，进行基准的传递，对于IGS的连续跟踪站而言，其组建的核心目标之一在于ITRF参考框架的建立和维持，凡此种种，均需要估计测站坐标参数。图5-1给出了测站坐标参数估计的处理流程。

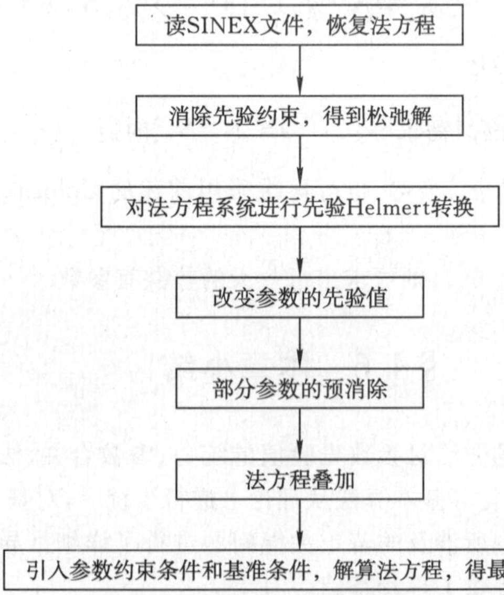


图5-1　测站坐标参数估计程序处理流程

需要说明的是，法方程叠加的前提是所有待估参数的先验初值是一致的，因此在进行法方程叠加之前，统一参数的先验初值是必须的，改变参数的先验初值的过程也是参数转换的过程，其算法及法方程叠加的算法见§4.3。

对于连续跟踪站的时序数据处理而言，由单天解构成多天综合解的过程可通

过法方程叠加的方法进行处理，法方程叠加的过程如图 5-2 所示。

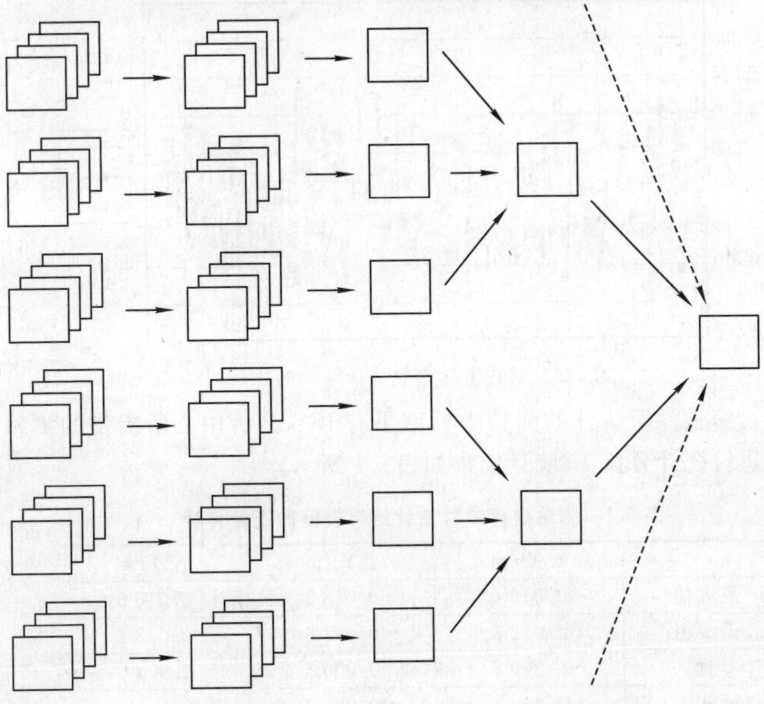


图 5-2　法方程叠加示意图

本文采用 http://garner.ucsd.edu/pub/combinations 网站提供的 2000 年单天解 SINEX 文件（sioigs10426.snx-sioigs10950.snx），强约束其中的 30 个 IGS 跟踪站（ASC1、BAHR、BRMU、BRUS、CAS1、CHAT、CHUR、DAV1、EISL、FLIN、GOPE、JOZE、KELY、KERG、KIRU、KOSG、KOUR、KWJ1、LAMA、LPGS、METS、NRC1、OBER、PERT、POTS、STJO、THU1、VILL、YELL、ZWEN）在 ITRF2000 框架、2000.0 历元下的坐标，采用笔者所研制的基于坐标模式的广义网平差参数估计软件进行测站坐标参数的估计。将所估计的测站坐标结果与 IGS 分析中心所提供的测站坐标进行比较，其较差如图 5-3 所示。

从图 5-3 可以看出，采用 1 年的 SINEX 文件，利用笔者所研制的基于坐标模式的广义网平差参数估计软件所估计的测站坐标与 IGS 分析中心所提供的测站坐标的互差在±2 cm 以内。这种差别存在的主要原因在于：

(1)本文只采用了 1 年的数据进行参数估计，而 IGS 分析中心则是采用多年的观测数据进行测站坐标参数估计的。

(2)本文只强约束 30 个 IGS 跟踪站，而在 IGS 分析中心强约束了 51 个 IGS 跟踪站进行参数估计。

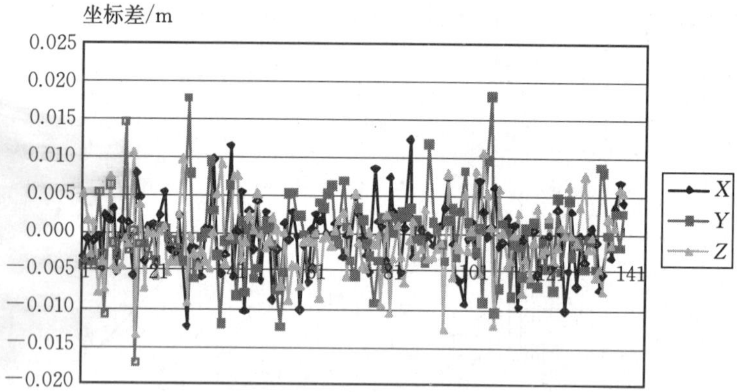


图 5-3 测站坐标参数估计结果的比较

对采用自编软件所估计的测站坐标结果与 IGS 分析中心所提供的测站坐标的较差结果进行统计分析，其统计结果如表 5-1 所示。

**表 5-1 测站坐标参数估计结果较差的统计分析**

| | $\Delta X$/m | $\Delta Y$/m | $\Delta Z$/m |
|---|---|---|---|
| 最大值 | 0.012 4 | 0.018 3 | 0.010 6 |
| 最小值 | −0.012 3 | −0.017 0 | −0.013 4 |
| 均值 | −0.000 6 | −0.000 5 | −0.001 0 |
| 标准差 | 0.004 4 | 0.005 3 | 0.004 7 |

从表 5-1 可以看出，其较差的均值在±1 mm 以内，说明采用自编软件所估计的测站坐标结果不存在明显的系统差，如果把 IGS 分析中心所提供的测站坐标结果作为真值，由于其标准差在±5 mm 左右，说明采用 1 年的数据所估计的测站坐标总体精度在±5 mm 左右。由此可见，笔者自编的基于坐标模式的广义网平差参数估计软件的测站坐标估计部分是可靠的。

## §5.2 测站速度参数估计模型

由于地球板块运动或区域地壳形变会引起不同历元下 GPS 网位置的系统性移动，这一系统误差的消除有以下几种方法(施闯，2002)：

(1)采用 IERS 发布的速度场模型改正。

(2)采用地球板块运动模型改正。

(3)采用区域板块运动模型改正。

(4)若存在多期观测数据，平差时可通过附加速度参数，来估计速度场模型。

在基于基线模式的网平差模型中，假设 GPS 网中 $i$、$j$ 两点相对于平差基准的位移速度为 $\boldsymbol{v}^i=\begin{bmatrix}v_{X_i} & v_{Y_i} & v_{Z_i}\end{bmatrix}^{\mathrm{T}}$，$\boldsymbol{v}^j=\begin{bmatrix}v_{X_j} & v_{Y_j} & v_{Z_j}\end{bmatrix}^{\mathrm{T}}$，设 GPS 网中 $i$ 站的基

准历元为 $t_i^0$ ，$j$ 站的基准历元为 $t_j^0$ ，观测历元为 $t$ ，则基线模式下的速度参数估计误差方程为

$$\begin{bmatrix} V_{\Delta X_{ij}} \\ V_{\Delta Y_{ij}} \\ V_{\Delta Z_{ij}} \end{bmatrix} = -\begin{bmatrix} dX_i^0 \\ dY_i^0 \\ dZ_i^0 \end{bmatrix} + \begin{bmatrix} dX_j^0 \\ dY_j^0 \\ dZ_j^0 \end{bmatrix} - (t - t_i^0)\begin{bmatrix} v_{X_i} \\ v_{Y_i} \\ v_{Z_i} \end{bmatrix} + (t - t_j^0)\begin{bmatrix} v_{X_j} \\ v_{Y_j} \\ v_{Z_j} \end{bmatrix} - \begin{bmatrix} \Delta X'_{ij} - \Delta X_{ij} \\ \Delta Y'_{ij} - \Delta X_{ij} \\ \Delta Z'_{ij} - \Delta Z_{ij} \end{bmatrix} \tag{5-1}$$

其中

$[X_i^0 \quad Y_i^0 \quad Z_i^0]^{\mathrm{T}}$ 和 $[X_j^0 \quad Y_j^0 \quad Z_j^0]^{\mathrm{T}}$ 分别为 $i$ 、$j$ 两点的近似坐标；

$\begin{bmatrix} \Delta X_{ij} \\ \Delta Y_{ij} \\ \Delta Z_{ij} \end{bmatrix} = \begin{bmatrix} X_j^0 - X_i^0 \\ Y_j^0 - Y_i^0 \\ Z_j^0 - Z_i^0 \end{bmatrix}$ 为 $i$ 、$j$ 两点间的近似基线向量；

$[\Delta X'_{ij} \quad \Delta Y'_{ij} \quad \Delta Z'_{ij}]^{\mathrm{T}}$ 为基线向量观测值；

$[V_{\Delta X_{ij}} \quad V_{\Delta Y_{ij}} \quad V_{\Delta Z_{ij}}]^{\mathrm{T}}$ 为观测值改正数；

$[dX_i^0 \quad dY_i^0 \quad dZ_i^0]^{\mathrm{T}}$ 为 $t_i^0$ 时刻 $i$ 站的坐标从近似值到平差值的改正数；

$[dX_j^0 \quad dY_j^0 \quad dZ_j^0]^{\mathrm{T}}$ 为 $t_j^0$ 时刻 $j$ 站的坐标从近似值到平差值的改正数。

令

$$\boldsymbol{V}_{ij} = \begin{bmatrix} V_{\Delta X_{ij}} \\ V_{\Delta Y_{ij}} \\ V_{\Delta Z_{ij}} \end{bmatrix}, d\boldsymbol{X}_i = \begin{bmatrix} dX_i^0 \\ dY_i^0 \\ dZ_i^0 \end{bmatrix}, d\boldsymbol{X}_j = \begin{bmatrix} dX_j^0 \\ dY_j^0 \\ dZ_j^0 \end{bmatrix}, \boldsymbol{f}_{ij} = \begin{bmatrix} \Delta X'_{ij} - \Delta X_{ij} \\ \Delta Y'_{ij} - \Delta Y_{ij} \\ \Delta Z'_{ij} - \Delta Z_{ij} \end{bmatrix},$$

则式(5-1)可简化为

$$V_{ij} = - dX_i + dX_j - (t - t_i^0)v^i + (t - t_j^0)v^j - f_{ij} \tag{5-2}$$

式(5-2)就是附加速度参数的基于基线向量模式的 GPS 网平差的误差方程。通过整体平差,可以消除 GPS 网历元基准不同产生的系统误差,同时求出测站相对于平差基准的位移速度。

在本文所提出的坐标模式下,速度参数估计模型为

$$\begin{bmatrix} \hat{X}_i \\ \hat{Y}_i \\ \hat{Z}_i \end{bmatrix}_t = \begin{bmatrix} \hat{X}_i \\ \hat{Y}_i \\ \hat{Z}_i \end{bmatrix}_{t_i^0} + (t - t_i^0)\begin{bmatrix} v_{X_i} \\ v_{Y_i} \\ v_{Z_i} \end{bmatrix} \tag{5-3}$$

式中，$\begin{bmatrix} \hat{X}_i \\ \hat{Y}_i \\ \hat{Z}_i \end{bmatrix}_t$ 表示第 $i$ 点在 $t$ 时刻的坐标，$t_i^0$ 表示参考时刻，$\begin{bmatrix} \hat{X}_i \\ \hat{Y}_i \\ \hat{Z}_i \end{bmatrix}_{t_i^0}$ 表示第 $i$ 点在 $t_i^0$

时刻的坐标，$\begin{bmatrix} v_{X_i} \\ v_{Y_i} \\ v_{Z_i} \end{bmatrix}$ 为所引入的第 $i$ 点的速度参数。

与测站坐标参数等不同，测站速度参数并不是SINEX文件中本身所包含的参数，而是由SINEX文件中所包含的参数派生出来的参数，测站速度参数的引入过程见图5-4，其可用一个参数转换的过程进行描述。在图5-4中，(a)表示在 $t_1-t_2$ 期间，不考虑测站坐标的变化，其在 $t_1$ 时刻的坐标值为 $x_1$；(b)表示 $t_1-t_2$ 期间，考虑测站坐标的变化，其在 $t_1$ 时刻的坐标值仍为 $x_1$，在 $t_2$ 时刻的坐标值为 $x_2$；(c)表示在一个比较长的时间跨度内，顾及坐标在某一时间范围的边界是连续的，将坐标的变化转化为速度参数的表示形式。

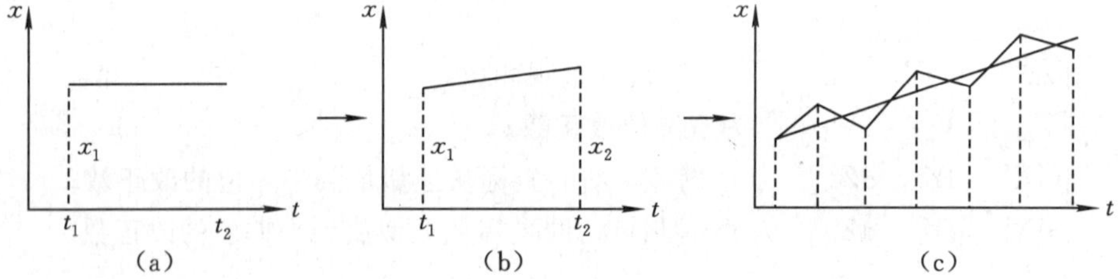


图5-4 测站速度参数的引入过程

将式(5-3)表示成

$$\begin{bmatrix} \hat{X}_i \\ \hat{Y}_i \\ \hat{Z}_i \end{bmatrix}_t = \begin{bmatrix} 1 & 0 & 0 & t-t_i^0 & 0 & 0 \\ 0 & 1 & 0 & 0 & t-t_i^0 & 0 \\ 0 & 0 & 1 & 0 & 0 & t-t_i^0 \end{bmatrix} \begin{bmatrix} \hat{X}_{i(t_i^0)} \\ \hat{Y}_{i(t_i^0)} \\ \hat{Z}_{i(t_i^0)} \\ v_{X_i} \\ v_{Y_i} \\ v_{Z_i} \end{bmatrix} \tag{5-4}$$

则参考参数转换方程 $\hat{\boldsymbol{x}} = \boldsymbol{C}\tilde{\boldsymbol{x}} + \mathrm{d}\boldsymbol{x}$ 有

$$\hat{\boldsymbol{x}} = \begin{bmatrix} \hat{X}_i \\ \hat{Y}_i \\ \hat{Z}_i \end{bmatrix}_t, \boldsymbol{C} = \begin{bmatrix} 1 & 0 & 0 & t-t_i^0 & 0 & 0 \\ 0 & 1 & 0 & 0 & t-t_i^0 & 0 \\ 0 & 0 & 1 & 0 & 0 & t-t_i^0 \end{bmatrix}, \tilde{\boldsymbol{x}} = \begin{bmatrix} \hat{X}_{i(t_i^0)} \\ \hat{Y}_{i(t_i^0)} \\ \hat{Z}_{i(t_i^0)} \\ v_{X_i} \\ v_{Y_i} \\ v_{Z_i} \end{bmatrix}, \mathrm{d}x = 0 \tag{5-5}$$

## §5.3　测站速度参数估计的若干问题

在 2003 年的国际大地测量与地球物理联合会(IUGG)会议上,涉及大地坐标系统和坐标框架改善的部分提出:

(1)ITRF 是多种空间技术联合计算的结果,具有综合各种技术长处的优势,也由于各种不同的空间技术系统有各自的基准和各自的偏差,使得联合计算的结果的精度受到制约。

(2)由于仪器、观测质量和观测时间等原因,使 ITRF 中部分点(大约 80 个左右)的测站坐标和速度估计的精度比较差。

(3)一些地面站的位移速度不是线性运动,而目前 ITRF 的框架点一律被假释为常速运动。

(4)上述 3 个因素使 ITRF 的精度受到影响,需要改善。

事实上,在 §5.2 的讨论中,不论是基于基线模式的测站速度参数估计模型,还是基于坐标模式的测站速度参数估计模型,都是将测站速度假释为线性的常速运动。这样不可避免地会出现下面的两个问题:

(1)将测站速度参数作为固定参数是否合理?其是否存在周期性变化?也就是说,将所有测站的速度变化假释为常速运动是否合理?

(2)测站速度参数的显著性判定问题,亦即在没有进行速度参数的显著性分析的前提下,直接引入测站速度参数是否造成过度参数化?如果测站速度参数不显著,将其引入将影响解的强度,并有可能导致其他参数(如测站坐标参数)估计的奇异。

为检验将所有的测站坐标变化假释为常速运动是否合理,笔者采用 2000 年初至 2002 年底共 3 年的单天解 SINEX 文件(sioigs10430. snx-sioigs11996. snx),强约束其中的 30 个 IGS 核心跟踪站在 ITRF2000 框架、2000.0 历元下的坐标,并顾及其速度,应用笔者所研制的基于坐标模式的广义网平差参数估计软件进行每周的测站坐标参数估计。对于周解的坐标结果,其三维坐标精度约为 2～3 mm。

下面以强约束中的 4 个(LHAS、IRKT、ALIC、ALBH)IGS 连续跟踪站的周解的计算结果进行说明。其中,中国的 LHAS 站和俄罗斯的 IRKT 站位于欧亚大陆,处在东北半球;澳大利亚的 ALIC 处在东南半球;加拿大的 ALBH 处在西北半球。为了直观起见,利用下式将测站坐标变化的表示形式由空间直角坐标 $(X,Y,Z)$ 转化为站心坐标 $(N,E,U)$ 形式

$$\begin{bmatrix} N \\ E \\ U \end{bmatrix} = \begin{bmatrix} -\sin\varphi\cos\lambda & -\sin\varphi\sin\lambda & \cos\varphi \\ -\sin\lambda & \cos\lambda & 0 \\ \cos\varphi\cos\lambda & \cos\varphi\sin\lambda & \sin\varphi \end{bmatrix} \begin{bmatrix} \Delta X \\ \Delta Y \\ \Delta Z \end{bmatrix} \tag{5-6}$$

从图5-5到图5-16可以看出，周解的坐标值的变化并非是完全线性的，可能存在周期性差异，这在以上这些站的$U$方向的坐标变化中表现得尤为明显。

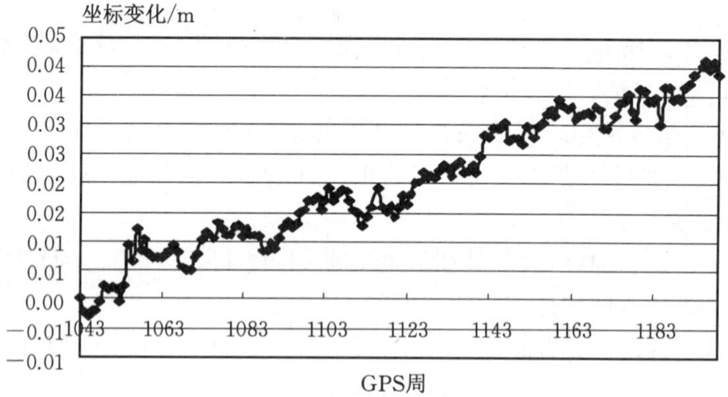


图5-5 LHAS站$N$方向坐标变化

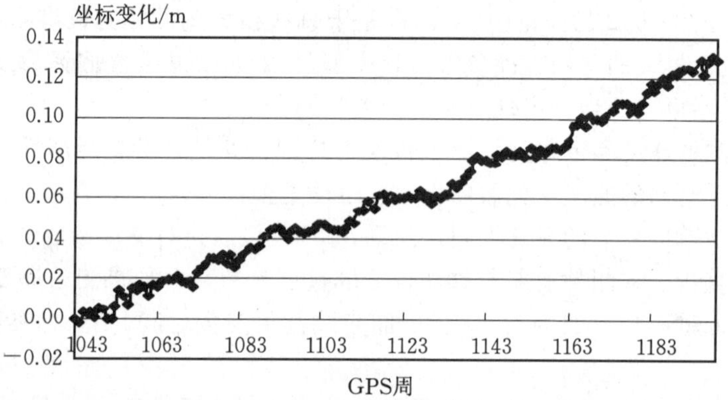


图5-6 LHAS站$E$方向坐标变化

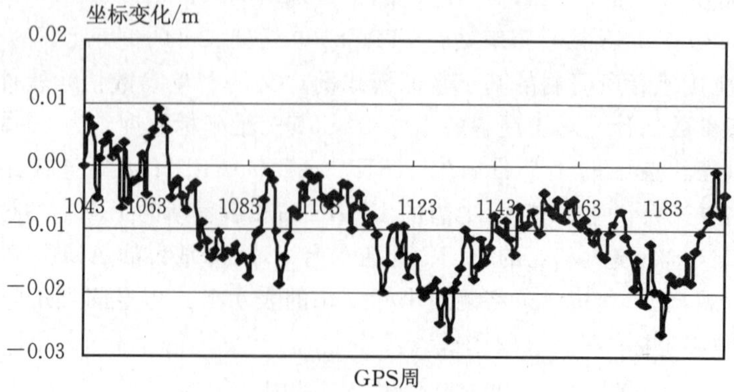


图5-7 LHAS站$U$方向坐标变化

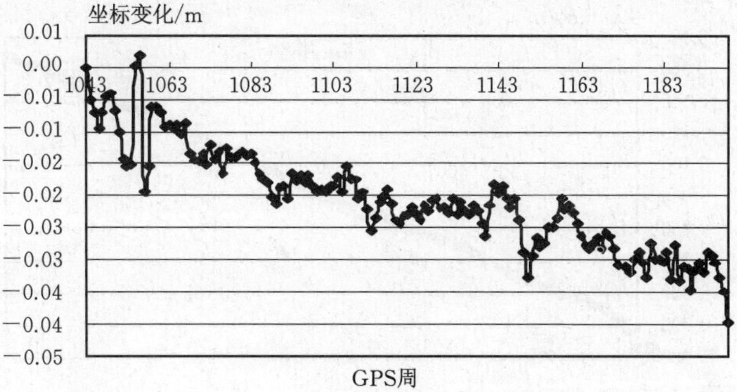


图 5-8　IRKT 站 *N* 方向坐标变化

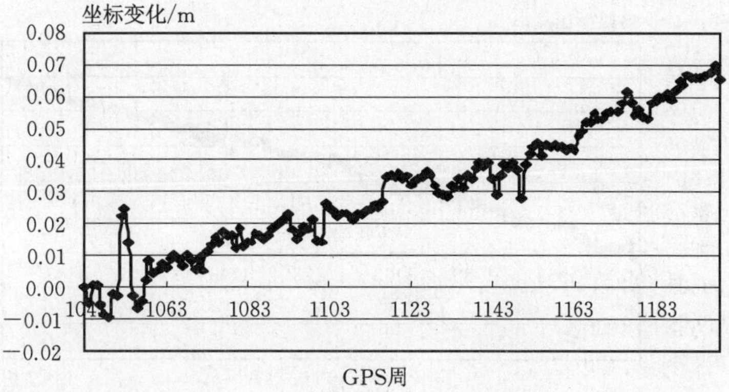


图 5-9　IRKT 站 *E* 方向坐标变化

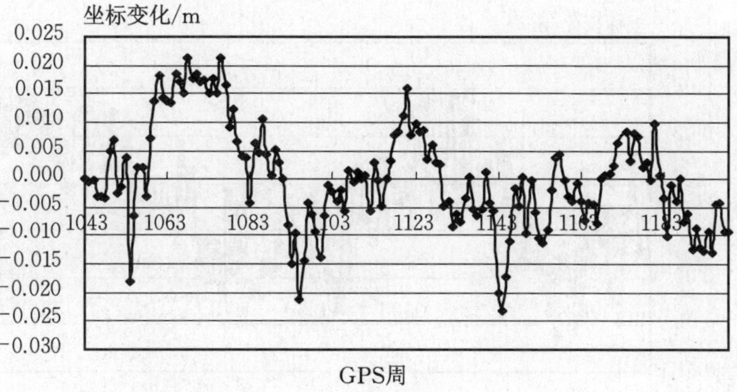


图 5-10　IRKT 站 *U* 方向坐标变化

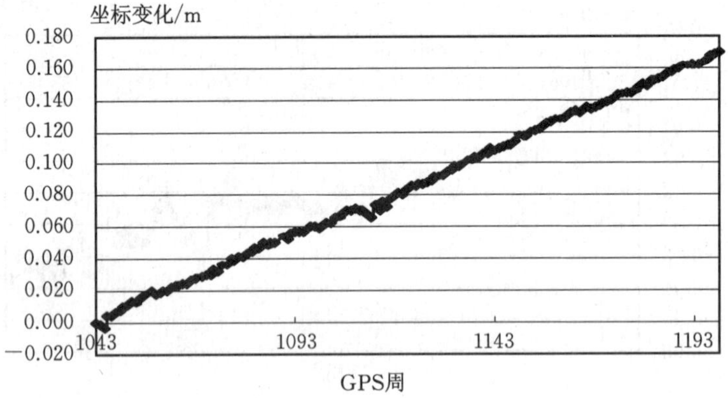


图 5-11 ALIC 站 *N* 方向坐标变化

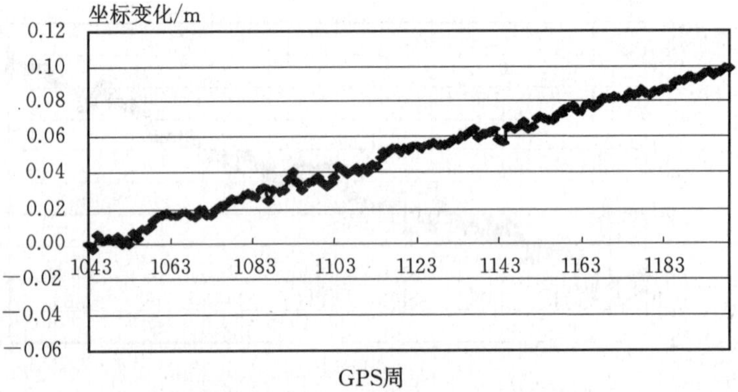


图 5-12 ALIC 站 *E* 方向坐标变化

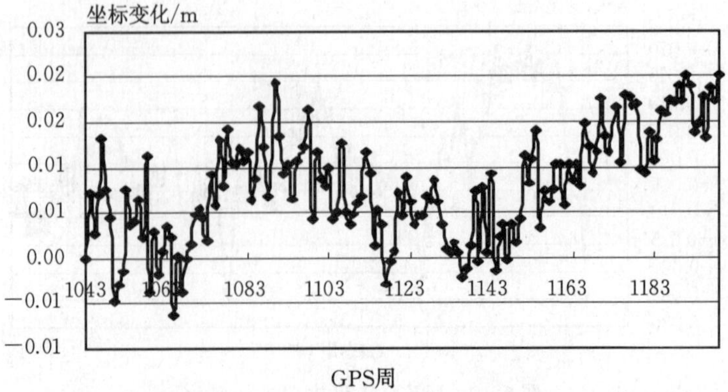


图 5-13 ALIC 站 *U* 方向坐标变化

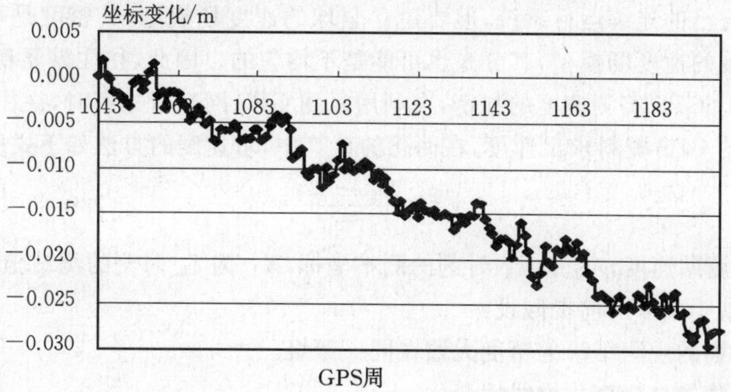


图 5-14　ALBH 站 $N$ 方向坐标变化

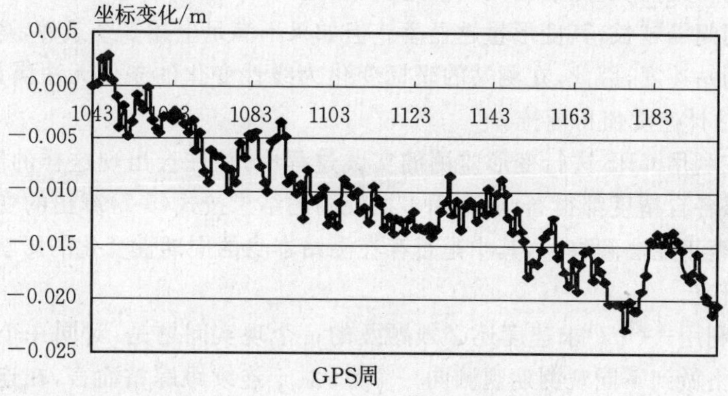


图 5-15　ALBH 站 $E$ 方向坐标变化

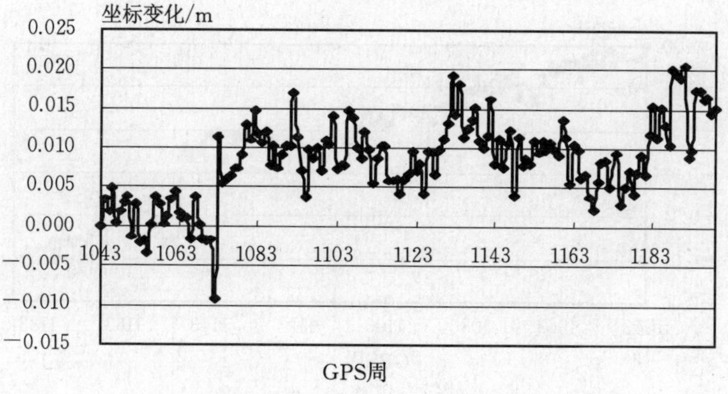


图 5-16　ALBH 站 $U$ 方向坐标变化

虽然目前全球分布有 300 多个 IGS 连续跟踪站，而且部分国家也按一定的密度布设了自己的连续运行系统，但要建立全球的速度场模型，其密度是不够的，而要建立区域的速度场模型，其分布也可能是不均匀的。因此，往往需要利用复测的 GPS 网进行 GPS 实测速度的加密，在利用复测 GPS 网进行加密时，往往需要利用多期复测的 GPS 资料求出速度，在简化的计算中，求速度的方法如下式所示

$$\boldsymbol{v}=\frac{\boldsymbol{X}_{\mathrm{II}}-\boldsymbol{X}_{\mathrm{I}}}{t_{\mathrm{II}}-t_{\mathrm{I}}} \tag{5-7}$$

式中，$\boldsymbol{v}$ 为测站速度，$\boldsymbol{X}_{\mathrm{II}}$ 为 $t_{\mathrm{II}}$ 时刻的测站坐标，$\boldsymbol{X}_{\mathrm{I}}$ 为 $t_{\mathrm{I}}$ 时刻的测站坐标。式(5-7)的成立基于如下的前提假设：

(1)每期的观测结果的精度大致在同一量级。

(2)测站的坐标变化为线性变化。

(3)同一测站具有至少两期的观测值。

一般而言，两期观测的时间间隔越长，利用式(5-7)所估计的速度越准确，因为观测的时间间隔越长，其变形量越显著。但如果不满足上述 3 个条件，则无法估计出正确的测站速度，因此，在测站的坐标变化为线性变化的条件无法满足时，利用式(5-7)去估计速度值得商榷。

目前在利用 GPS 进行变形监测的实践过程中，往往会出现这样的问题：多期观测的结果各自精度都很高，而利用多期观测的结果按式(5-7)算出的变形趋势却不一致，以至于无法解释，这其中是否存在测站本身的周期性变化的影响值得进一步的深入研究。

另外，利用式(5-7)求速度还必须顾及的一个现实问题是：对同一个点的多期观测，要严格做到不同观测期观测同一个点；对于连续跟踪站而言，在连续观测的过程中测站的天线应不存在相对位移。下面以 WUHN-IGS 连续跟踪站周解的计算结果来说明这一问题的严重性，参见图 5-17 至图 5-19。

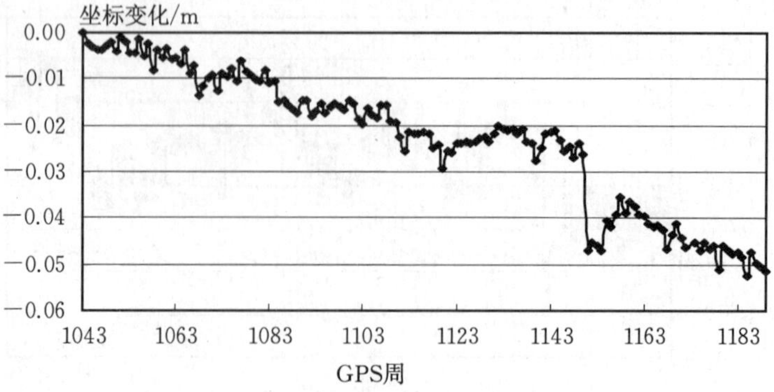


图 5-17 WUHN 站 $N$ 方向坐标变化

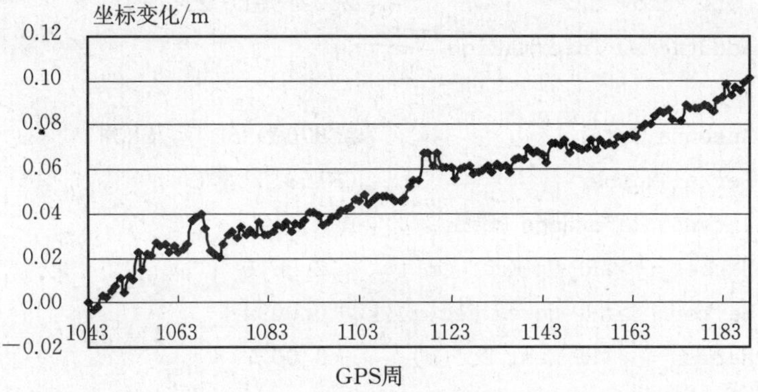


图 5-18　WUHN 站 E 方向坐标变化

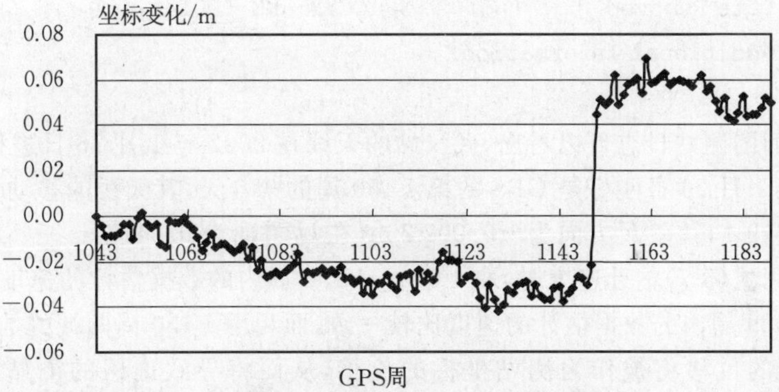


图 5-19　WUHN 站 U 方向坐标变化

从图 5-17 到图 5-19 可以看出，WUHN 站的 $N$ 方向坐标和 $U$ 方向坐标在 1150 周和 1151 周之间存在明显的跳变。在此期间，WUHN 站的 $N$ 方向坐标跳变了大约1.5 cm，$U$ 方向坐标跳变了大约 6.0 cm，这显然是天线移动造成的。在 IGS 的测站日志（WUHN_20021027[1].log）中，我们发现有如下的内容：

```
WUHN Site Information Form
International GPS Service
4.3  Antenna Type                  : ASH700936E    SNOW
     Serial Number                 : CR15810
     Antenna Reference Point       : BPA
     Marker－＞ARP Up Ecc. (m)     : 2.320
     Marker－＞ARP North Ecc(m)    :
     Marker－＞ARP East Ecc(m)     :
     Alignment from True N         :
     Date Installed                : 2000－06－08
```

```
     Date Removed                 : 2002 - 01 - 23
     Additional Information       :

4.4  Antenna Type                 : ASH700936E     SNOW
     Serial Number                : CR15810
     Antenna Reference Point      : BPA
     Marker - >ARP Up Ecc. (m)    :   2.3610
     Marker - >ARP North Ecc(m)   : - 0.0094
     Marker - >ARP East Ecc(m)    : - 0.0022
     Alignment from True N        :
     Date Installed               : 2002 - 01 - 26
     Date Removed                 : CCYY - MM - DDThh:mmZ
     Additional Information       :
```

从上面的测站日志可以看出，武汉站的天线在 2002 年 1 月 26 日进行了移动，而 2002 年 1 月 26 日刚好是 GPS 的第 1 150 周的第 6 天，其天线的移动量在 $N$ 方向为－0.009 4 m，在 $E$ 方向为－0.002 2 m，在 $U$ 方向为 0.041 0 m。

在利用式(5-7)估计速度时，取 1 043～1 150 周内的数据估计的速度可能和取 1 151～1 089 周内的数据估计的速度比较一致，而利用 1 150 周两端的数据估计速度，则天线的位移将被作为测站坐标的位移，从而将导致虚假的测站速度参数估计。

## §5.4　测站速度参数的周期性分析

从 IGS 跟踪站周解的坐标值序列可以看出，测站坐标的变化并非在每个方向上都是绝对线性的，其可能存在周期性差异，种种资料表明，测站坐标的变化是一个周期性趋势和线性趋势的叠加。下面利用回归的方法建立测站坐标变化的经验模型。

### 5.4.1 测站速度变化的频谱分析

测站坐标时间序列数据可以在时域上进行处理和分析，因为测站坐标变化是时间的函数，而测站速度参数的估计又依赖于测站坐标的变化，因此可以说，测站速度的估计是以时间为基础的。根据 Fourier 变换，时域内的信号可以转换到频域内进行分析，在时域内看不清楚的特性，可以在频域内很容易反映出来，变换公式为

$$F(\omega) = \int_{-\infty}^{\infty} f(t) e^{-i\omega t} \mathrm{d}t \tag{5-8}$$

一般而言，功率与振幅的平方成正比，相应的谱称为功率谱，在时域内，任意函数 $f(t)$ 的平均功率谱定义为

$$s(t) = \lim_{T\to\infty} \int_{-T/2}^{T/2} |f(t)|^2 \mathrm{d}t \tag{5—9}$$

可以对 IGS 跟踪站的时间序列数据进行频谱分析，得到其在 $N$、$E$、$U$ 方向的功率谱。由于本文所分析的数据的时间跨度和密度不够，在利用频谱分析的方法进行 IGS 跟踪站的坐标变化周期分析时的效果不明显。这在后继的工作中需要深入地开展研究，可以预见，采用更长跨度的 SINEX 文件，采用所研制的软件进行三天解或单天解，得到更长跨度、更大密度的时间序列数据，再采用频谱分析的方法，一定可以得到相对更为准确的 IGS 跟踪站的坐标变化周期。

## 5.4.2 测站速度估计的经验模型

IGS 分析中心除了为 IGS 跟踪站提供某一框架、某一参考历元下的测站坐标外，还提供该框架下的测站速度。在提供速度的时候，IGS 跟踪站点一律被假释为常速运动。由于固体地球环境等外部环境变化的影响，我们有理由对 IGS 跟踪站点一律被假释为常速运动加以怀疑，这对地壳形变的研究方法与研究结论的得出将带来深刻影响。

将上文所得的 WUHN、ALBH 的测站坐标变化序列，分别减去 IGS 分析中心所提供的各自的速度量所引起的位移，得到测站各方向的周期性的变化量，用于验证测站坐标变化的周期性的存在，其结果参见图 5-20 至图 5-25。

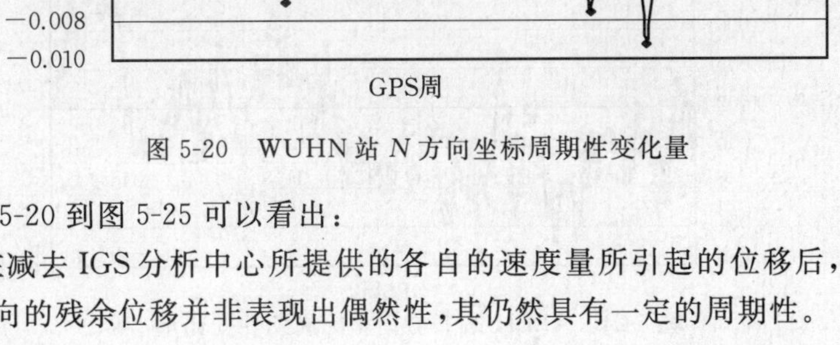


图 5-20　WUHN 站 $N$ 方向坐标周期性变化量

从图 5-20 到图 5-25 可以看出：

(1)在减去 IGS 分析中心所提供的各自的速度量所引起的位移后，部分测站在某一方向的残余位移并非表现出偶然性，其仍然具有一定的周期性。

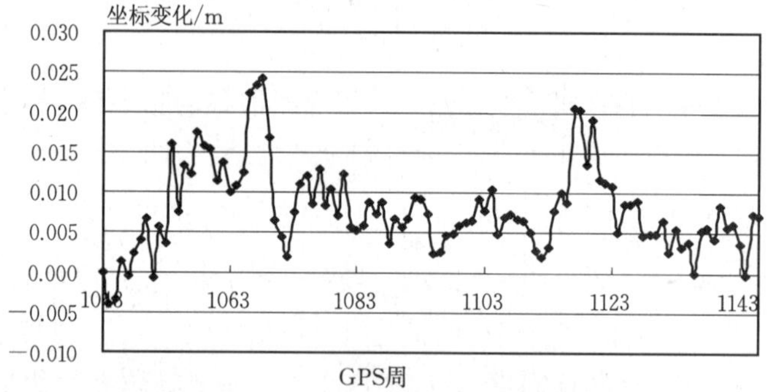


图 5-21 WUHN 站 *E* 方向坐标周期性变化量

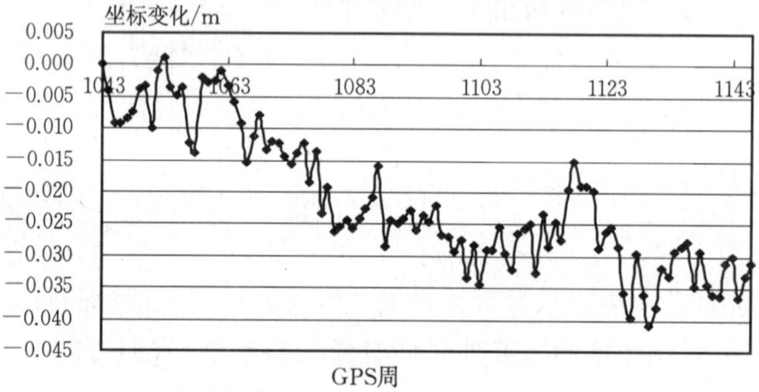


图 5-22 WUHN 站 *U* 方向坐标周期性变化量

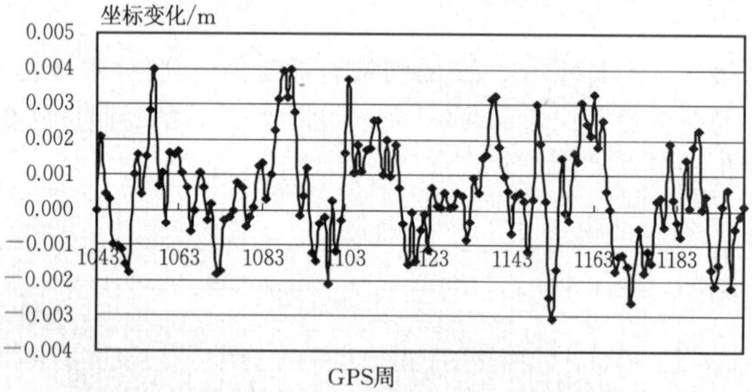


图 5-23 ALBH 站 *N* 方向坐标周期性变化量

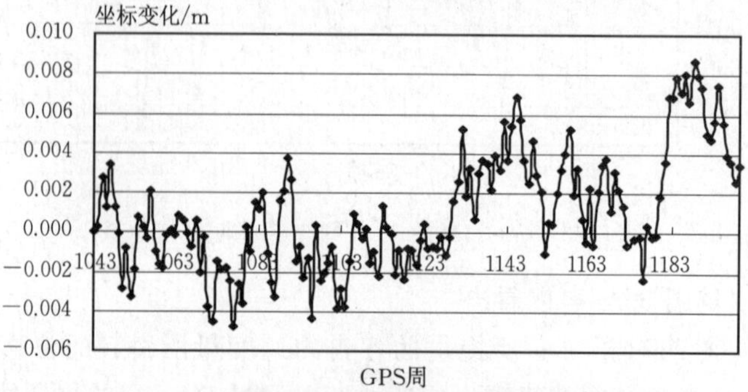


图 5-24 ALBH 站 *E* 方向坐标周期性变化量

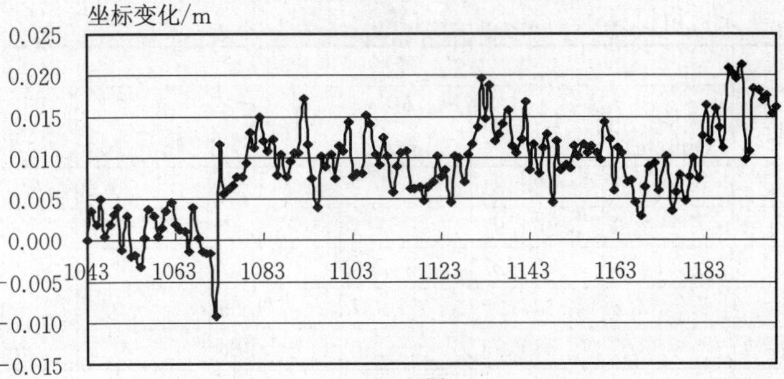


图 5-25　ALBH 站 $U$ 方向坐标周期性变化量

(2)从图 5-22 可以看出，在减去 IGS 分析中心所提供的 WUHN 站 $U$ 方向的速度所引起的位移后，其残余位移的的系统性仍较强，这说明 IGS 分析中心所提供的测站速度对测站速度线性趋势的反映并不完全。

种种资料表明，测站坐标的变化除了有一个线性趋势以外，还有一个年周期的变化，可采用下面的经验模型来回归测站速度的各分量

$$v(\Delta t_i) = a + b \cdot \sin(2 \cdot \pi \cdot \Delta t_i) + c \cdot \cos(2 \cdot \pi \cdot \Delta t_i) + \varepsilon_i \tag{5-10}$$

式中，$\Delta t_i$ 为相对于参考时刻的时间变量，以年为单位，$v(\Delta t_i)$ 代表 $\Delta t_i$ 时刻的速度分量（$N,E,U$ 方向或 $X,Y,Z$ 方向），$a$ 为线性趋势项，$b$、$c$ 为年周期项系数，$\varepsilon_i$ 为残差项。

根据最小二乘法可以求出参数 $a$、$b$、$c$，则年周期的振幅 $A$ 和相位 $\varphi$ 为

$$A = \sqrt{b^2 + c^2} \tag{5-11}$$

$$\varphi = a\tan(b/c) \tag{5-12}$$

根据 2000—2002 年 LHAS、IRKT、ALBH、ALIC 和 WUHN IGS 跟踪站的时间序列，可以建立如式(5-10)的经验模型，在建立模型的过程中，利用 $t$ 检验的方法对回归系数的显著性进行初步分析，得到如表 5-2 所示的结果。

**表 5-2　测站速度估计经验模型**

| 站名 | 速度 | 经验速度模型 | | | | | | IGS速度模型 |
|---|---|---|---|---|---|---|---|---|
| | | $a$ (mm/a) | $t=\frac{\hat{a}}{\hat{\sigma}_{\hat{a}}}$ | $b$ (mm/a) | $t=\frac{\hat{b}}{\hat{\sigma}_b}$ | $c$ (mm/a) | $t=\frac{\hat{c}}{\hat{\sigma}_c}$ | |
| LHAS | $v_N$ | 13.4 | 116.44 | 0.3 | **1.18** | 0.7 | 2.58 | 13.8 |
| | $v_E$ | 41.1 | 188.20 | 0.5 | **0.90** | −1.7 | −3.50 | 46.3 |
| | $v_U$ | −5.6 | −23.25 | 2.7 | 4.67 | 4.6 | 8.05 | 0.2 |
| IRKT | $v_N$ | −12.4 | −53.03 | 0.3 | **0.53** | −0.9 | **−1.59** | −8.7 |
| | $v_E$ | 20.7 | 91.71 | −1.2 | −2.18 | −1.5 | −2.63 | 24.7 |
| | $v_U$ | −1.0 | −3.28 | −8.3 | −10.94 | −1.3 | **−1.65** | −0.1 |

续表

| 站名 | 速度 | 经验速度模型 | | | | | | IGS速度模型 |
|---|---|---|---|---|---|---|---|---|
| | | $a$ (mm/a) | $t=\frac{\hat{a}}{\hat{\sigma}_{\hat{a}}}$ | $b$ (mm/a) | $t=\frac{\hat{b}}{\hat{\sigma}_b}$ | $c$ (mm/a) | $t=\frac{\hat{c}}{\hat{\sigma}_c}$ | |
| ALBH | $v_N$ | −9.1 | −126.21 | 0.2 | **1.07** | 0.3 | **1.88** | −9.3 |
| | $v_E$ | −7.0 | −64.97 | 1.2 | 4.49 | −0.9 | −3.35 | −8.0 |
| | $v_U$ | 4.9 | 26.27 | 2.6 | 5.57 | −1.4 | −3.06 | −0.3 |
| ALIC | $v_N$ | 57.3 | 687.21 | 0.7 | 3.69 | −0.2 | **−0.81** | 57.8 |
| | $v_E$ | 33.6 | 280.55 | −1.0 | −3.56 | −0.1 | **−0.24** | 30.9 |
| | $v_U$ | 4.8 | 19.26 | 1.0 | **1.61** | −0.6 | **−1.07** | 9.1 |
| WUHN | $v_N$ | −14.1 | −64.85 | 1.1 | 3.13 | −0.9 | −2.50 | −13.5 |
| | $v_E$ | 38.0 | 81.86 | −4.6 | −5.99 | 2.4 | 3.01 | 32.8 |
| | $v_U$ | −19.4 | −37.53 | −1.3 | **−1.57** | 0.8 | **0.93** | −0.5 |

注：表中黑体项表示 $|t| < t_{\frac{\alpha}{2}}$（$\alpha = 0.05$），相应的参数不显著。

从表5-2可以看出：

(1)对测站时间序列数据，利用式(5-10)的经验模型去估计测站速度，在某些测站的某些方向，其周期项系数是显著的，这说明测站坐标变化并非完全线性的，存在年周期的变化。

(2)除了WUHN站的 $v_U$，利用式(5-10)的经验模型估计其他各站的各个方向的速度的线性趋势项 $a$ 与IGS分析中心所提供的线性速度非常一致(见表5-3)，这说明两个问题：一是证明了笔者自己研制的对SINEX文件进行平差处理的程序是正确的；二是说明在平差的过程中，不将测站速度作为参数，而通过时间序列数据去估计测站速度是可行的，其不仅简化计算，而且在速度模型的选择上具有更大的灵活性。

**表5-3 经验速度模型的线性项与IGS速度模型的比较**

| 站名 | 速度 | 经验速度模型线性项 (mm/a) | IGS速度模型 (mm/a) | 互差 (mm/a) |
|---|---|---|---|---|
| LHAS | $v_N$ | 13.4 | 13.8 | −0.4 |
| | $v_E$ | 41.1 | 46.3 | −5.2 |
| | $v_U$ | −5.6 | 0.2 | −5.8 |
| IRKT | $v_N$ | −12.4 | −8.7 | −3.7 |
| | $v_E$ | 20.7 | 24.7 | −4 |
| | $v_U$ | −1.0 | −0.1 | −0.9 |
| ALBH | $v_N$ | −9.1 | −9.3 | 0.2 |
| | $v_E$ | −7.0 | −8.0 | 1 |
| | $v_U$ | 4.9 | −0.3 | 5.2 |

续表

| 站名 | 速度 | 经验速度模型线性项 (mm/a) | IGS 速度模型 (mm/a) | 互差 (mm/a) |
|---|---|---|---|---|
| ALIC | $v_N$ | 57.3 | 57.8 | −0.5 |
| | $v_E$ | 33.6 | 30.9 | 2.7 |
| | $v_U$ | 4.8 | 9.1 | −4.3 |
| WUHN | $v_N$ | −14.1 | −13.5 | −0.6 |
| | $v_E$ | 38.0 | 32.8 | 5.2 |
| | $v_U$ | −19.4 | −0.5 | −18.9 |

### 5.4.3 测站速度周期性变化的初步解释与应对方法

从§5.4.1及§5.4.2的分析可以看出，测站速度确实可能存在周期性的变化。以前我们在做形变分析的时候，往往基于测站坐标线性变化的假设，而对某些非线性变化的结果无法给出合理的解释，在此情况下，往往归结于观测的误差所致。现在回头看来，我们是否可以基于测站坐标的非线性变化来认识问题。对于某些测站，可能其坐标变化的周期性比较显著，反之则其坐标变化的线性项比较显著，需要区别对待。

事实上，对于前面的时间序列数据的处理，亦存在一个比较致命的缺陷。我们利用测站坐标变化的时间序列来分析测站坐标变化的周期性，而在利用 SINEX 文件求测站坐标序列时，作为基准的 30 个 IGS 核心跟踪站都被假释为常速运动，这就存在一定的矛盾。也就是说，由于作为基准的 30 个 IGS 核心跟踪站也可能存在周期性运动，故将其假释为常速运动所估计出的测站坐标可能不准，但有一条是肯定的，即从反证法的观点来看，如果测站变化都是线性的，则作为基准的 30 个 IGS 核心跟踪站被假释为常速运动时，所求得的其他测站坐标的变化也是线性的。因此可以说，就某种程度而言，测站坐标变化的非线性假设是合理的。

对于测站速度的周期性变化的研究，目前尚处于起步阶段，尚没有得到大家一致公认的解释。一般认为固体地球环境的变化(包括温度、大气负荷、内陆水负荷、海洋潮汐负荷、非潮汐海洋负荷变化、冰后回弹等)、GPS 基线处理过程中观测误差消除不完善(对流层和电离层的影响等)、数据处理模型的不完善(极移等只考虑到速度项等)是造成测站速度周期性变化的可能的原因。一个值得关注的现象是：有研究表明，测站坐标变化的周期性具有地域性特征。对于这方面的问题，需要在今后的研究中进一步完善。

由此看来，对测站速度的估计需要进一步研究，似乎通过测站坐标变化的时间序列数据去估计速度比通过参数转换的方法将测站速度作为独立的参数在平差的过程中求解具有更大的合理性，其原因如下：

(1)将测站速度作为独立的参数在平差的过程中求解时,其参数个数的增加非常显著,这无疑会降低解的稳定性。

(2)将测站速度作为独立的参数在平差的过程中求解时,对因天线移动等原因所造成的测站坐标跳动的处理比较困难。

(3)将测站速度作为独立的参数在平差的过程中求解时,其前提是基于测站坐标线性变化,这一前提值得怀疑。

(4)直接利用通过测站坐标变化的时间序列数据去估计速度对因天线移动等原因所造成的测站坐标跳动能比较直观地处理,且在速度模型的选择上有更大的主动性。

因此,对于 IGS 跟踪站的速度值,仅用一个线性的变化量去估计它存在偏差时,应考虑建立周期性变化模型,或考虑采用分段线性化的方法,每隔一定的时间间隔给出一个对应的速度。

## §5.5 地球自转参数估计

地球在空间的定向由 3 种运动来描述:一是地轴方向相对于空间的运动;二是地轴方向相对于地球本体的运动;三是地球绕地轴自转速度的运动。第一项运动的短周期部分称为章动,长周期部分称为岁差;第二项运动称为极移;第三项运动称为地球自转速度变化或日长变化。

在广义上,对上述 3 种地球自转运动作定量描述的参数,称为地球定向参数 EOP(Earth Orientation Parameter)。在狭义上,只把描述地球自转速度变化的 $UT1$(已加极移改正的世界时)和描述极移的地极坐标 $(x_p, y_p)$ 称为地球自转参数 ERP(Earth Rotation Parameter)。因此,EOP 参数等于 ERP 参数加上岁差和章动。

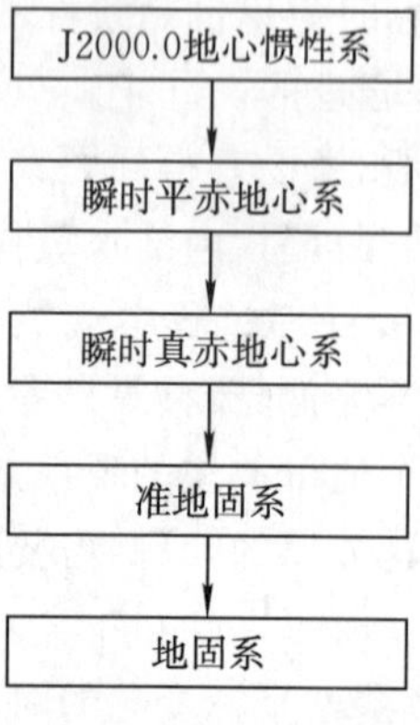

图 5-26 地心惯性系与地固系的相互转换

在用 GPS 观测值确定卫星运动轨道时,需要考虑卫星的运动方程,因为我们采用的牛顿定律在惯性参考系下才成立,因此要涉及到惯性参考系。目前采用的协议地心惯性参考系历元是 J2000.0,原点为地球质量中心,参考平面是 J2000.0 平赤道,$Z$ 轴向北指向平赤道面北极,$X$ 轴指向 J2000.0 平春分点(地球赤道面与地球绕太阳公转轨道面的交点),$Y$ 轴与 $X$ 和 $Z$ 轴组成直角右手坐标系。

以 $\boldsymbol{r}$ 表示某点在历元 J2000.0 对应的协议地心惯性坐标系(CIS)中的坐标,$\boldsymbol{R}$ 表示该点在协议地球参考系(CTS)中的坐标,则由 J2000.0 地心惯性坐标系转换到地固系需要经过如图 5-26 所示过程。

地心惯性坐标为

$$r = (PNSU)^{\mathrm{T}}R \tag{5-13}$$

式中，$P$ 为岁差矩阵，$N$ 为章动矩阵、$S$ 为地球自转矩阵、$U$ 为极移矩阵。继而有

$$P = R_Z(\xi_A)R_Y(-\theta_A)R_Z(Z_A) \tag{5-14}$$

$$N = R_X(-\varepsilon_A)R_Z(\Delta\varphi)R_X(\varepsilon_A + \Delta\varepsilon) \tag{5-15}$$

$$S = R_Z(-GST) = R_Z(-GMST - \Delta\Psi\cos\varepsilon_A - 0''.00264\sin\Omega - 0''.000063\sin2\Omega) \tag{5-16}$$

$GMST = GMST_{0hUT1} + \gamma UT1$，$\gamma$ 为世界时与恒星时的秒长比，即

$$\gamma = 1.002\,737\,909\,350\,795 + 5.900\,5 \times 10^{-11} \times \frac{d'_u}{36\,525} - 5.9 \times 10^{-15} \times \left(\frac{d'_u}{36\,525}\right)^2$$

其中，$d'_u$ 是观测当天 $UT1$ 的 0 时与 2000 年 1 月 1 日 12 时 $UT1$ 相差的天数。

地球自转是极其复杂的，自传速度并非恒定，而是呈现着复杂的波动。日长变化可以达到几个毫时秒。日长变化包含在 $UT1$ 中，作以下变换

$$\begin{aligned} UT1 &= UTC + (UT1 - UTC) \\ &= UTC + (UT1 - UT1R) + (UT1R - UTC) \\ &= UTC + DUT1 + (UT1R - UTC) \end{aligned} \tag{5-17}$$

其中的 $DUT1 = UT1 - UT1R$，$DUT1$ 为 $UT1$ 的短周期部分，它是由 1982 年国际时间局(BIH)年度报告表中表 A 规定的。其展开式为

$$\begin{aligned} DUT1 &= UT1 - UT1R \\ &= \sum_{k=1}^{41} A_k \sin(\eta_{kl} l + \eta_{k2} l' + \eta_{k3} F + \eta_{k4} D' + \eta_{k5} \Omega) \end{aligned} \tag{5-18}$$

其中，$A_k$ 和 $\eta_{k1}$，$\eta_{k2}$，$\eta_{k3}$，$\eta_{k4}$，$\eta_{k5}$ 系数参见文献(《Journal of Geophysical Research》，1986 P881—891)。

$l$ 为月球平近点角，

$l = 485\,866^S.733 + (1\,325^{rev} + 715\,922^S.633)T_u + 31^S.310T_u^2 + 0^S.064T_u^3$，

其中 $1^{rev} = 360° = 1\,296\,000^S$，$T_u$ 为动力学世纪数，$T_u = \dfrac{JD(TDB) - 2\,451\,545.0}{36\,525.0}$；

$l'$ 为太阳平近点角，

$l' = 1\,287\,099^S.804 + (99^{rev} + 1\,292\,581^S.224)T_u - 0^S.577T_u^2 - 0^S.012T_u^3$；

$\Omega$ 为从平春分点起量的白道在黄道升交点的黄经，

$\Omega = 450\,160^S.280 - (5^{rev} + 482\,890^S.593)T_u + 7^S.4\,557T_u^2 + 0^S.008T_u^3$；

$D'$ 为日月地心角，

$D' = 1\,072\,261^S.307 + (1\,236^{rev} + 1\,105\,601^S.328)T_u - 6^S.891T_u^2 + 0^S.019T_u^3$；

$F$ 为月球纬度的平均角距($L$ 为月球平黄经),

$F = L - \Omega = 335\ 778^{S}.877 + (1\ 342^{rev} + 295\ 263^{S}.107)T_u - 13^{S}.257T_u^2 + 0^{S}.011T_u^3$ 。

综上所述,我们对 $DUT1$ 有了基本的认识,可通过式(5-18)将其模型化,并且可以不作参数解算。$UT1R - UTC$ 正是需要空间技术求解的参数,采用甚长基线干涉(VLBI)技术可以直接将它解出,而 GPS 和 SLR 技术的观测对象是绕地球旋转的卫星,因此只能求出日长的变化,将式(5-17)再作变换得

$$UT1 = UTC + (UT1 - UT1R) + (UT1R - UTC)_0 + D_r(t - t^0) \tag{5-19}$$

式中的下标“0”表示参考时刻为 $t^0$ 的数值,$D_r$ 就是可以求解的日长变化参数。此外有

$$\boldsymbol{U} = R_X(y_p)R_Y(x_p) \tag{5-20}$$

其中的 $x_p$ 和 $y_p$ 为极移值,可以从 IERS Notes 中查取,或取一近似值后作为参数求解,因为 $x_p$ 和 $y_p$ 不大于 0.4″,故取弧度为单位后可写为

$$\boldsymbol{U} = \begin{bmatrix} 1 & 0 & -x_p \\ 0 & 1 & y_p \\ x_p & -y_p & 1 \end{bmatrix}$$

IGS 的 SINEX 单天解文件所给出的 EOP 参数形式为在参考历元的 EOP 参数值及其斜率,如图 5-27 所示。

在连续的单天解 EOP 参数的综合处理中,需要考虑 EOP 参数在每天边界的连续性问题,因此需要将参考历元的 EOP 参数值及其斜率转化为每天两个边界的 EOP 参数值,如图 5-28 所示。

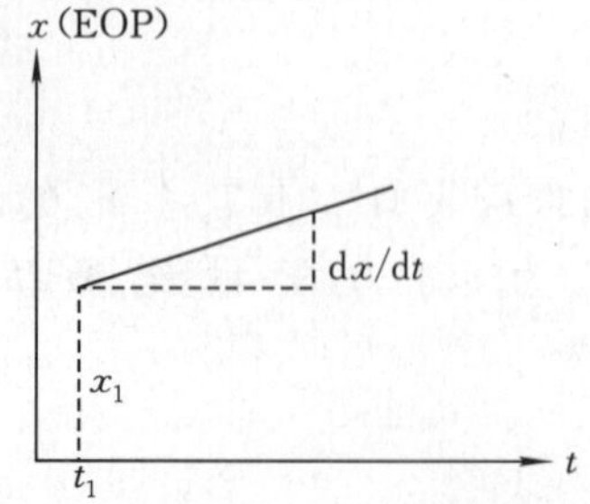


图 5-27 IGS 的 SINEX 单天解文件所给出的 EOP 参数形式

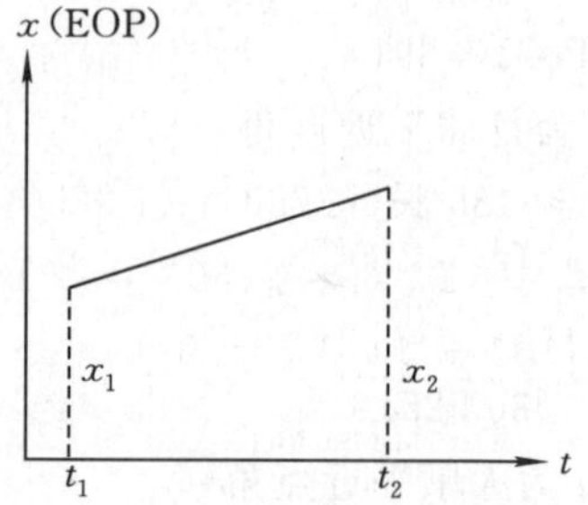


图 5-28 以边界值表示 EOP 参数形式

因此需要将以 $\boldsymbol{x} = \begin{bmatrix} x_{(t_1+t_2)/2} \\ \dfrac{dx}{dt} \end{bmatrix}$ 表示的参数转换为以 $\tilde{\boldsymbol{x}} = \begin{bmatrix} x_{t_1} \\ x_{t_2} \end{bmatrix}$ 表示的参数,这需要用到参数转换的过程。

顾及图 5-27 及图 5-28，有

$$\tilde{\boldsymbol{x}} = \begin{bmatrix} 1 & -\dfrac{t_2 - t_1}{2} \\ 1 & \dfrac{t_2 - t_1}{2} \end{bmatrix} \begin{bmatrix} x_{(t_1+t_2)/2} \\ \dfrac{\mathrm{d}x}{\mathrm{d}t} \end{bmatrix} = \begin{bmatrix} x_{t_1} \\ x_{t_2} \end{bmatrix} \tag{5-21}$$

则对应于参数转换方程 $\tilde{\boldsymbol{x}} = \boldsymbol{C}\boldsymbol{x} + \mathrm{d}\boldsymbol{x}$ 有

$$\boldsymbol{C} = \begin{bmatrix} 1 & -\dfrac{t_2 - t_1}{2} \\ 1 & \dfrac{t_2 - t_1}{2} \end{bmatrix},\ \mathrm{d}x = 0 \tag{5-22}$$

利用上述的参数转换方程，对单天解的 EOP 参数进行转换，转换后的相邻两天的 EOP 参数的描述如图 5-29 所示。

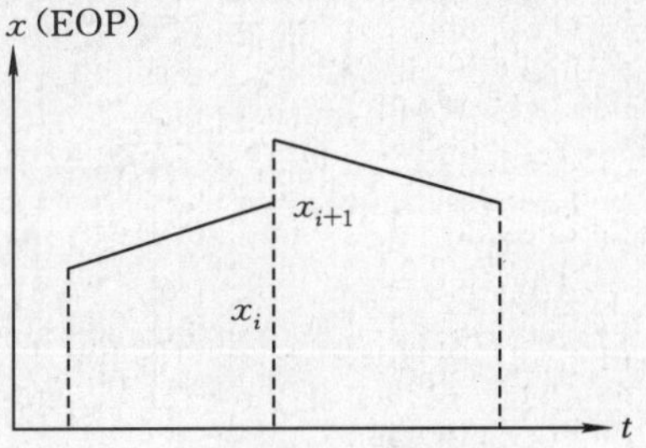


图 5-29　相邻两天的 EOP 参数

在进行多天的 EOP 参数综合求解时，需要附加地球自转参数边界连续条件，即

$$x_i - x_{i+1} = 0 \tag{5-23}$$

由此可见，对于地球自转参数估计的算法实现，需要用到参数转换和附加约束条件两种基本的算法，其详细的实现步骤如下：

(1)恢复单天解法方程

顾及实际情况，并不失一般性，设单天解的地球自转参数为 $\boldsymbol{x}_i = \begin{bmatrix} x_{ic} \\ \dot{x}_i \end{bmatrix}$，$i$ 为单天解所对应的天数，$x_{ic}$ 为第 $i$ 天参考历元(通常是每天中午 12：00：00)的地球自转参数，$\dot{x}_i$ 为第 $i$ 天地球自转参数的变化率，其对应的法方程系统为

$$\begin{bmatrix} \boldsymbol{N}_{11} & \boldsymbol{N}_{12} \\ \boldsymbol{N}_{21} & \boldsymbol{N}_{22} \end{bmatrix}_i \begin{bmatrix} \boldsymbol{x}_{ic} \\ \dot{\boldsymbol{x}}_i \end{bmatrix} = \begin{bmatrix} \boldsymbol{b}_1 \\ \boldsymbol{b}_2 \end{bmatrix}_i \tag{5-24}$$

该法方程通过 SINEX 文件转换得到，其间经过了先验约束的消除过程，地球自转参数可与其他参数联合估计，也可经过参数预消除后独立估计。为讨论问题的方便，只讨论与地球自转参数相关的法方程部分的处理。

(2)进行参数转换

参照式(5-21)，取 $t_2 - t_1 = 1$，将参考历元的 EOP 参数值 $\boldsymbol{x}_i$ 及其变化率转化为每天两个边界的 EOP 参数值 $\tilde{\boldsymbol{x}}_i = \begin{bmatrix} x_{is} \\ x_{ie} \end{bmatrix}$，有

$$\tilde{\boldsymbol{x}}_i = \begin{bmatrix} 1 & -1/2 \\ 1 & 1/2 \end{bmatrix} \begin{bmatrix} x_{ic} \\ \dot{x}_i \end{bmatrix} = \begin{bmatrix} x_{is} \\ x_{ie} \end{bmatrix} \tag{5-25}$$

(3)构建新法方程

参照式(4-15),有 $\boldsymbol{C}=\begin{bmatrix}1 & -1/2\\ 1 & 1/2\end{bmatrix}$,$\mathrm{d}\boldsymbol{x}=0$,其新法方程系统为

$$\begin{bmatrix}1 & 1\\ -1/2 & 1/2\end{bmatrix}\begin{bmatrix}N_{11} & N_{12}\\ N_{21} & N_{22}\end{bmatrix}_i\begin{bmatrix}1 & -1/2\\ 1 & 1/2\end{bmatrix}\begin{bmatrix}x_{is}\\ x_{ie}\end{bmatrix}=\begin{bmatrix}1 & 1\\ -1/2 & 1/2\end{bmatrix}\begin{bmatrix}b_1\\ b_2\end{bmatrix}_i \tag{5-26}$$

令 $\widetilde{\boldsymbol{N}}_i=\begin{bmatrix}1 & 1\\ -1/2 & 1/2\end{bmatrix}\begin{bmatrix}N_{11} & N_{12}\\ N_{21} & N_{22}\end{bmatrix}_i\begin{bmatrix}1 & -1/2\\ 1 & 1/2\end{bmatrix}$,$\tilde{\boldsymbol{b}}_i=\begin{bmatrix}1 & 1\\ -1/2 & 1/2\end{bmatrix}\begin{bmatrix}b_1\\ b_2\end{bmatrix}_i$,有

$$\widetilde{\boldsymbol{N}}_i\begin{bmatrix}x_{is}\\ x_{ie}\end{bmatrix}=\tilde{\boldsymbol{b}}_i \tag{5-27}$$

(4)进行 $n$ 个单天解新法方程的叠加

参照式(4-29),有 $n$ 个单天解新法方程组成的总体法方程为

$$\begin{bmatrix}\widetilde{\boldsymbol{N}}_1 & & & 0\\ & \widetilde{\boldsymbol{N}}_2 & & \\ & & \ddots & \\ 0 & & & \widetilde{\boldsymbol{N}}_n\end{bmatrix}\begin{bmatrix}x_{1s}\\ x_{1e}\\ x_{2s}\\ x_{2e}\\ \vdots\\ x_{ns}\\ x_{ne}\end{bmatrix}=\begin{bmatrix}\tilde{\boldsymbol{b}}_1\\ \tilde{\boldsymbol{b}}_2\\ \vdots\\ \tilde{\boldsymbol{b}}_n\end{bmatrix} \tag{5-28}$$

(5)引入 $n-1$ 个边界连续条件

在对 $n$ 天的 EOP 参数综合求解时,需要附加 $n-1$ 个地球自转参数边界连续条件(即第 $i$ 天的最后一个历元与第 $i+1$ 天的第一个历元参数值相同),其表示形式为

$$\begin{cases}x_{1e}=x_{2s}\\ x_{2e}=x_{3s}\\ \quad\vdots\\ x_{ie}=x_{i+1s}\\ \quad\vdots\\ x_{n-1e}=x_{ns}\end{cases} \tag{5-29}$$

(6)EOP 参数综合求解

利用式(5-28)和式(5-29),对 $n$ 天的 EOP 参数进行综合求解。此时有如下两种处理方法。

1)按附有限制条件的间接平差方法进行求解

按附有限制条件的间接平差方法进行求解,即将式(5-29)作为附加的参数约束,其处理方法参见 4.4.1 节。其中通用的参数约束为 $\boldsymbol{Cx}=\boldsymbol{w}$,对应于式(5-29),有

$$\underset{n-1,2n}{\boldsymbol{C}} = \begin{bmatrix} 0 & 1 & -1 & 0 & \cdots & 0 & 0 & 0 \\ 0 & 0 & 1 & -1 & \cdots & 0 & 0 & 0 \\ \vdots & \vdots & \vdots & \vdots & \ddots & 0 & 0 & 0 \\ 0 & 0 & 0 & 0 & \cdots & 1 & -1 & 0 \end{bmatrix}, \quad \underset{2n,1}{\boldsymbol{x}} = \begin{bmatrix} x_{1s} \\ x_{1e} \\ x_{2s} \\ x_{2e} \\ \vdots \\ x_{ns} \\ x_{ne} \end{bmatrix}, \boldsymbol{w} = 0 \quad (5\text{-}30)$$

将式(5-30)和式(5-28)代入式(4-50)至式(4-52)，即可求得参数估值及其方差。

2)按参数转换的方法进行求解

附加边界连续条件的式(5-29)也可通过参数转换的方法予以实现，对应于参数转换方程式(4-15)( $\hat{\boldsymbol{x}} = \boldsymbol{C}\tilde{\boldsymbol{x}} + \mathrm{d}\boldsymbol{x}$ )，有

$$\underset{2n,1}{\hat{\boldsymbol{x}}} = \begin{bmatrix} x_{1s} \\ x_{1e} \\ x_{2s} \\ x_{2e} \\ \vdots \\ x_{ns} \\ x_{ne} \end{bmatrix}, \quad \underset{n+1,1}{\tilde{\boldsymbol{x}}} = \begin{bmatrix} x_{1s} \\ x_{2s} \\ x_{3s} \\ \vdots \\ x_{ns} \\ x_{ne} \end{bmatrix}, \quad \underset{2n,n+1}{\boldsymbol{C}} = \begin{bmatrix} 1 & 0 & 0 & \cdots & 0 & 0 \\ 0 & 1 & 0 & \cdots & 0 & 0 \\ 0 & 1 & 0 & \cdots & 0 & 0 \\ 0 & 0 & 1 & \cdots & 0 & 0 \\ 0 & 0 & 1 & \cdots & 0 & 0 \\ \vdots & \vdots & \vdots & \ddots & \vdots & \vdots \\ 0 & 0 & 0 & \cdots & 1 & 0 \\ 0 & 0 & 0 & \cdots & 1 & 0 \\ 0 & 0 & 0 & \cdots & 0 & 1 \end{bmatrix}, \mathrm{d}\boldsymbol{x} = 0 \quad (5\text{-}31)$$

需要注意的是，旧参数是 $2n \times 1$ 维的，新参数是 $(n+1) \times 1$ 维的。可采用式(4-17)至式(4-19)进行参数求解。本文采用按参数转换的方法进行 EOP 参数的综合求解。

采用与前述计算坐标序列一样的数据，计算了 2000 年全年的 EOP 序列，其结果如图 5-30 及图 5-31 所示。

图 5-30 和图 5-31 中的虚线为所拟合的趋势线，从图 5-31 可以明显地看出，所估计的极移参数 $y_p$ 存在明显的系统差，为此，对所估计的极移参数进行四参数转换，四参数转换方程为

$$\begin{bmatrix} x_p \\ y_p \end{bmatrix}_{\text{new}} = \begin{bmatrix} \Delta x_p \\ \Delta y_p \end{bmatrix} + (1+m) \begin{bmatrix} \cos\alpha & -\sin\alpha \\ \sin\alpha & \cos\alpha \end{bmatrix} \begin{bmatrix} x_p \\ y_p \end{bmatrix}_{\text{old}} \quad (5\text{-}32)$$

式中，$\begin{bmatrix} \Delta x_p \\ \Delta y_p \end{bmatrix}$ 为平移参数，$m$ 为尺度参数，$\alpha$ 为旋转参数。经过参数转换以后，其与 IERS 的比较结果如图 5-32 和图 5-33 所示。

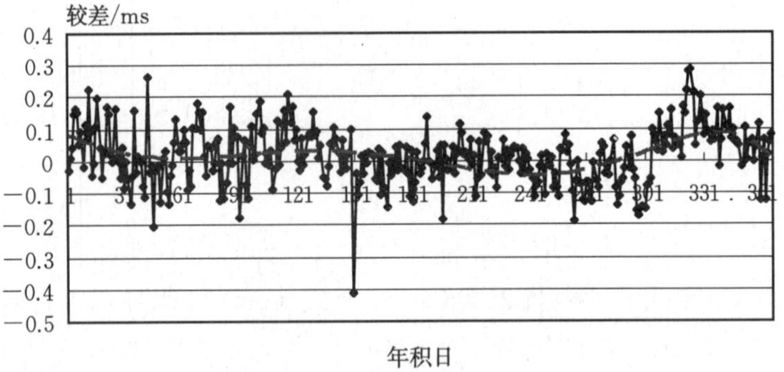


图 5-30　估计的 $x$-pole 参数与 IERS 结果的比较

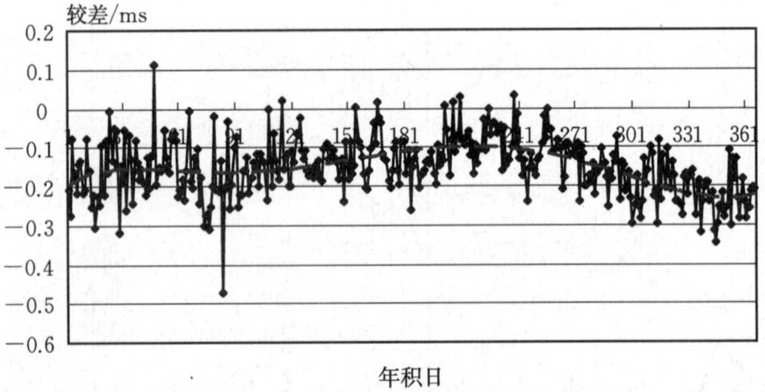


图 5-31　估计的 $y$-pole 参数与 IERS 结果的比较

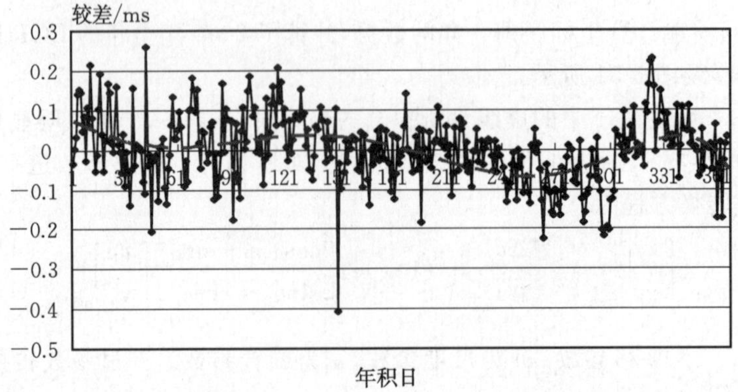


图 5-32　经参数转换后估计的 $x$-pole 参数与 IERS 结果的比较

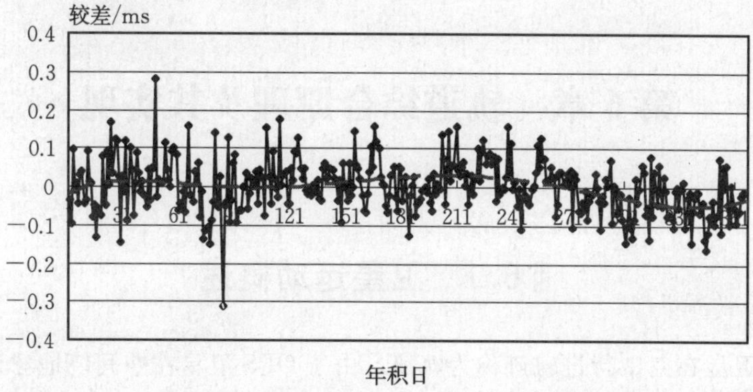


图 5-33　经参数转换后估计的 *y*-pole 参数与 IERS 结果的比较

从图 5-33 可以看出，相对于图 5-31 而言，经过四参数转换以后，其系统误差得到了很好的消除。

图 5-34 为所估计的 ut1-utc 参数与 IERS 结果的比较，从图中可以看出，两者的互差基本在 0.1 ms 以内。

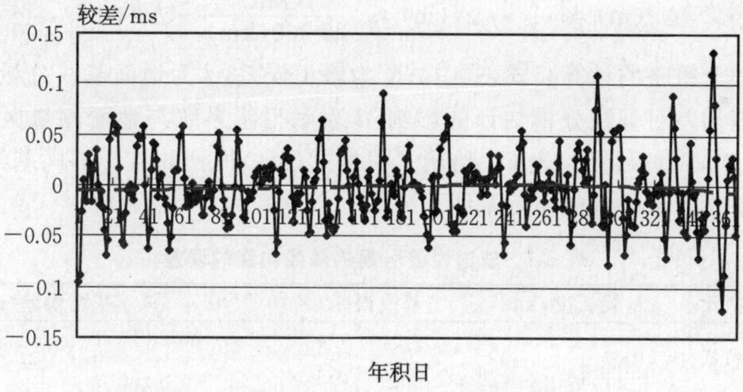


图 5-34　估计的 ut1-utc 参数与 IERS 结果的比较

## §5.6　本章小结

本章重点研究了基于坐标模式的广义网平差所涉及的测站坐标参数、测站速度参数、地球自转参数的估计问题，并编制了相应的程序。通过算例证明了目前在测站速度的估计中将测站坐标变化假释为匀速与客观事实存在差异。利用基于周解的测站坐标序列，采用回归分析的方法建立了测站速度变化的经验模型。提出对于 IGS 跟踪站的速度值，仅利用一个线性的量去估计它存在偏差，应考虑建立周期性变化模型，或考虑采用分段线性化的方法，每隔一定的时间给出一个对应的速度。同时通过算例证明，利用 GPS 所估计的极移参数与 IERS 值之间可能存在系统性的偏差，该偏差可通过四参数转换的方法予以消除。

# 第6章　轨道综合原理及其实现

## §6.1　卫星运动概述

GPS卫星在空中行进轨迹称为轨道。由于GPS卫星在空间绕地球运行时，会受到各种各样外界作用力的影响，因此GPS卫星轨道会呈现复杂的、不规则的运动曲线。目前已经通过模型化的方式对已知的作用力进行了详细的描述，但是还有许多变化更为复杂的情况难以用简单而精确数学模型加以描述。国际上对于GPS卫星轨道误差影响已经有比较清楚的认识，卫星轨道误差对基线分量估计的影响可以用下式表示

$$\Delta x(\mathrm{m}) \approx \frac{l}{d} \cdot \Delta X(\mathrm{m}) \approx \frac{l(\mathrm{km})}{25\,000(\mathrm{km})} \cdot \Delta X(\mathrm{m}) \tag{6-1}$$

这是一个粗略的计算公式，式中 $\Delta X$ 为轨道误差，$l$ 为地面基线分量长度，$\Delta x$ 为卫星轨道误差对基线分量估计的影响，$d$ 表示卫星系统与地面测量区域的近似距离，约等于25 000 km。表6-1给出了根据式(6-1)得到的基于不同基线长度、不同轨道误差所概算得到的实际基线误差。

表6-1　轨道误差引起的基线向量的误差

| 轨道误差/m | 基线长度/km | 基线误差/$\times10^{-6}$ | 基线误差/mm |
|---|---|---|---|
| 2.5 | 1 | 0.1 | — |
| 2.5 | 10 | 0.1 | 1 |
| 2.5 | 100 | 0.1 | 10 |
| 2.5 | 1 000 | 0.1 | 100 |
| 0.05 | 1 | 0.002 | — |
| 0.05 | 10 | 0.002 | — |
| 0.05 | 100 | 0.002 | — |
| 0.05 | 1 000 | 0.002 | 2 |

从表6-1中可知，目前的IGS所能提供的精密星历(精度优于0.05 m)已经足够满足精密定位的需求。

IGS轨道的结果是对7个IGS分析中心(各分析中心英文全称参见表6-2)各自的轨道进行处理的结果。由于单天解轨道的末端效应，两端轨道误差相对较大，且各自的单天解轨道之间不连续，各分析中心为进一步提高轨道的质量，需将单天解轨道合成多天解轨道，并提供多天解轨道的中间轨道部分参加多分析中心轨道

的最终合成，以形成 IGS 精密轨道。通常而言，通过轨道合成所得到的中间轨道部分结果比相应的单天解轨道具有更高的精度。

**表 6-2　欧洲轨道确定中心**

| 站名缩写 | 英文全称 | 所在国家 |
|---|---|---|
| CODE | Center for Orbit Determination in Europe | Switzerland(瑞士) |
| NRCan/EMR | Natural Resources Canada | Canada(加拿大) |
| ESOC/ESA | European Space Operations Center | Germany(德国) |
| GFZ | GeoForschungsZentrum | Germany(德国) |
| JPL | Jet Propulsion Laboratory | USA(美国) |
| NOAA/NGS | National Oceanic and Atmospheric Administration | USA(美国) |
| SIO | Scripps Institution of Oceanography | USA(美国) |

因此，对于轨道合成而言，轨道综合处理包含两方面的含义：

(1)连续单天解弧段合成多天解弧段。

(2)不同分析中心处理的多天解弧段的合成。

## §6.2　轨道参数与轨道合成方案

假设法方程系统是与天数 $i$ 有联系的，则

$$\boldsymbol{N}_i \cdot \Delta\hat{\boldsymbol{p}}_i = \boldsymbol{b}_i \qquad (i = 1,2,\cdots,n) \tag{6-2}$$

其中，

$i$ 表示天数；$\Delta\hat{\boldsymbol{p}}_i$ 表示轨道改正数；$\boldsymbol{N}_i = \boldsymbol{B}_i^{\mathrm{T}}\boldsymbol{P}_i\boldsymbol{B}_i$ 为法方程矩阵；$\boldsymbol{b}_i = \boldsymbol{B}_i^{\mathrm{T}}\boldsymbol{P}_i\boldsymbol{L}_i$；$\boldsymbol{B}_i$ 为设计矩阵；$\boldsymbol{P}_i$ 为权矩阵；$\boldsymbol{L}_i$ 为含有观测值的列矩阵。

参数的最终估值通过下式计算

$$\hat{\boldsymbol{p}}_i = \boldsymbol{p}_{i0} + \Delta\hat{\boldsymbol{p}}_i \tag{6-3}$$

其中，$\hat{\boldsymbol{p}}_i$ 表示轨道估计值；$\boldsymbol{p}_{i0}$ 表示轨道初值。

每天的定位定轨参数包括观测站坐标、模糊度参数、对流层参数等，还有每颗卫星的轨道参数。这些参数中，有些参数像观测站坐标一样，对于接下来的每天可能均是不变的(因此对于多天解的综合只需估计一套参数)。另外，像模糊度参数和对流层参数等，每天都不一样。在进行法方程叠加过程中，必须考虑这些参数的各自特性。对于一个特定的卫星，假定轨道是由 $m$ 个轨道参数描述的，可把它们区分为 3 类：

(1)连续轨道参数 $\boldsymbol{E}_{ik}$，其中 $i = 1,2,\cdots,n$；　$k = 1,2,\cdots,6$。对于第 $i$ 天弧段 $t_{0i}$ 历元的开普勒轨道根数(密切元素)有：$\boldsymbol{E}_i = (E_{i1}, E_{i2}\cdots, E_{i6}) = (a,e,i,\Omega,\omega,u)_i$。

(2)动力学参数 $\boldsymbol{q}_{ik}$，其中 $i = 1,2,\cdots,n$；　$k = 1,2,\cdots,m_1$，即用于模型化太阳光压辐射所造成的摄动力的轨道参数。早先只估计 2 个参数(直接光压项和 $y$ 偏

差)，即 $\boldsymbol{q}_i=(a_d,a_y)_i$，$m_1=2$，如今一般采用ECOM光压模型，需要估计9个参数，$m_1=9$。

(3)伪随机参数 $\boldsymbol{S}_{ik}$，其中 $i=1,2,\cdots,n$；  $k=1,2,\cdots,m_2$。$\boldsymbol{S}_{ik}$ 描述了在预定的方向及时刻上的速度的变化。这些随机参数对于吸收非模型化的摄动力的影响是非常有用的，同时对于长弧段的确定非常重要。

对于第 $i$ 天的一个特定的卫星，所采用的参数 $m=m_1+m_2+6$ 可用下式来表示

$$\begin{aligned}\boldsymbol{O}_i &= (O_{i1},O_{i2},\cdots,O_{im}) \\ &= (E_{i1},E_{i2},\cdots,E_{i6},q_{i1},q_{i2},\cdots,q_{im1},s_{i1},s_{i2},\cdots s_{im2})\end{aligned} \tag{6-4}$$

合成的轨道 $\boldsymbol{r}_c(t)$ 可定义为

$$\begin{aligned}\boldsymbol{r}_c(t) &= r(t;o_{c1},o_{c2},\cdots,o_{c\tilde{m}}) \\ &= r(t;E_{c1},E_{c2},\cdots,E_{c6},q_{c1},q_{c2},\cdots,q_{cm1}, \\ &\quad s_{11},s_{12},\cdots,s_{1m2},s_{21},s_{22},\cdots,s_{2m2},\cdots,s_{n1},s_{n2},\cdots,s_{nm2})\end{aligned} \tag{6-5}$$

其中，向量 $\boldsymbol{r}_c(t)$ 将 $n$ 天完整的弧段表示成一套开普勒轨道根数、一套 $m_1$ 个动力学参数、$n$ 套 $m_2$ 个伪随机参数的函数。使用弧段1的初始历元作为参考，这就意味着弧段 $i=1,2,3,\cdots,n$ 的开普勒轨道根数可以用第1天的信息来表示。不同天的动力学参数 $\boldsymbol{q}_i$，如果先验的模型相同的话，可以通过相关的法方程，经过一个简单的叠加过程合并成 $\boldsymbol{q}_c$。

另外，全部的 $n\cdot m_2$ 个伪随机参数在轨道合成中还是未知的，因为事实上，第 $i$ 天的随机参数 $\boldsymbol{s}_{ik}$ 对于所有接下来的 $i+1,i+2,\cdots,n$ 天都是有影响的。在这种情况下，我们将这些附加的随机参数 $\boldsymbol{s}_{ik}$ 增加到合成轨道模型中予以考虑。

在轨道计算处理中常常采用的方法是将几天的计算轨道进行叠加，拟合出一段长轨道出来，一般来讲是三天解轨道或七天解的轨道。在以往的数据处理中，是将几个单天时段的数据集中在一起，总起来计算，其所花费的时间是可想而知的，需要非常高性能的计算设备才能解决全球数百个GPS跟踪站的数据处理工作。

随着NEQ方法(即“法方程叠加方法”)在各个数据处理中心的广泛使用，彻底改变了轨道计算费时费力的局面。这种方法实际来讲是比较简单的，在法方程系统中，包含了坐标信息、轨道信息、大气信息等，通过参数转换的方法进行叠加综合给出所需的结果，其解算原理基于最小二乘法。

图6-1和6-2给出了新旧轨道计算方案比较，从中可以看出：在原来的轨道计算方案中，其三天解轨道的获得必须将三天时段的数据放在一起进行计算，可见如果在使用的测站数较多的情况下，计算机的存储量将会非常大，其计算的时间会很长。这种方法目前已经被新的方案所取代，新方案基于法方程叠加。采用这种方案的好处在于数据处理工作集中在每天的单个时段，甚至是单个时段的不同分区，这样做的优势在于可以节省大量的计算时间和计算机的存储量，使得数据处理的

速度加快，每天的数据处理结果存储在 NEQ 中，三天轨道解的基础就是单天解所形成的这些法方程，最终的轨道的解算就是将这些法方程通过最小二乘方法进行叠加，得到最终的计算轨道。

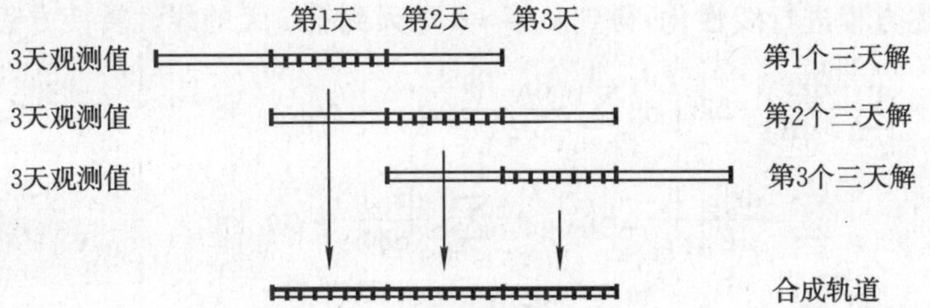


图 6-1　三天解轨道旧计算方案

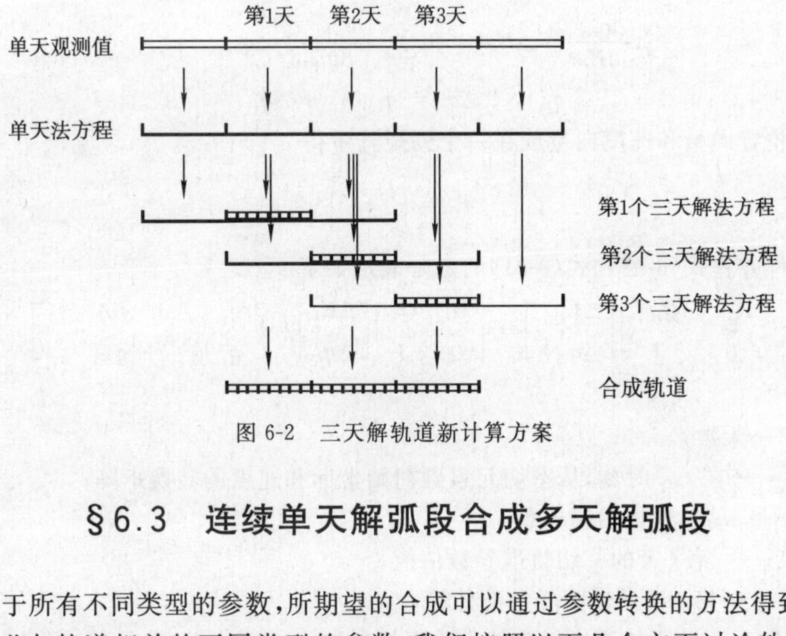


图 6-2　三天解轨道新计算方案

# §6.3　连续单天解弧段合成多天解弧段

对于所有不同类型的参数，所期望的合成可以通过参数转换的方法得到实现。对于这些与轨道相关的不同类型的参数，我们按照以下几个方面讨论轨道合成问题：

(1)密切元素与动力学参数的合成。

(2)附加伪随机参数的弧段合成。

## 6.3.1 密切元素与一套动力学参数的合成

因为第 $i$ 天的 6 个轨道根数 $\boldsymbol{E}_i=(a,e,i,\Omega,\omega,u)_i$ 在 $t$ 历元等同于相同历元下的卫星位置 $\boldsymbol{r}_i(t)$ 和速度 $\dot{\boldsymbol{r}}_i(t)$，因此如果希望通过第 $i$ 天的轨道参数表示第 $i+1$ 天的轨道，那么就得求助于在每天边界卫星速度的连续性。如果只估计一套动力学参数，则相关联的 $6+m_1$ 个条件方程为

$$\boldsymbol{r}_i(t_{i+1}) = \boldsymbol{r}_{i+1}(t_{i+1}) \tag{6-6}$$

$$\dot{\boldsymbol{r}}_i(t_{i+1}) = \dot{\boldsymbol{r}}_{i+1}(t_{i+1}) \tag{6-7}$$

$$\boldsymbol{q}_i = \boldsymbol{q}_{i+1} = \boldsymbol{q}_c \tag{6-8}$$

对上述方程进行线性化，得到从第 $i+1$ 天到第 $i$ 天的线性转换方程如下

$$\boldsymbol{r}_i\,|_0 + \sum_{k=1}^{6}\frac{\mathrm{d}\boldsymbol{r}_i\,|_0}{\mathrm{d}\boldsymbol{E}_{ik}}\Delta\boldsymbol{E}_{ik} + \sum_{k=1}^{m_1}\frac{\mathrm{d}\boldsymbol{r}_i\,|_0}{\mathrm{d}\boldsymbol{q}_{ik}}\Delta\boldsymbol{q}_{ik} = \boldsymbol{r}_{i+1}\,|_0 + \sum_{k=1}^{6}\frac{\mathrm{d}\boldsymbol{r}_{i+1}\,|_0}{\mathrm{d}\boldsymbol{E}_{i+1,k}}\Delta\boldsymbol{E}_{i+1,k} + \sum_{k=1}^{m_1}\frac{\mathrm{d}\boldsymbol{r}_{i+1}\,|_0}{\mathrm{d}\boldsymbol{q}_{i+1k}}\Delta\boldsymbol{q}_{i+1,k} \tag{6-9}$$

$$\dot{\boldsymbol{r}}_i\,|_0 + \sum_{k=1}^{6}\frac{\mathrm{d}\dot{\boldsymbol{r}}_i\,|_0}{\mathrm{d}\boldsymbol{E}_{ik}}\Delta\boldsymbol{E}_{ik} + \sum_{k=1}^{m_1}\frac{\mathrm{d}\dot{\boldsymbol{r}}_i\,|_0}{\mathrm{d}\boldsymbol{q}_{ik}}\Delta\boldsymbol{q}_{ik} = \dot{\boldsymbol{r}}_{i+1}\,|_0 + \sum_{k=1}^{6}\frac{\mathrm{d}\dot{\boldsymbol{r}}_{i+1}\,|_0}{\mathrm{d}\boldsymbol{E}_{i+1,k}}\Delta\boldsymbol{E}_{i+1,k} + \sum_{k=1}^{m_1}\frac{\mathrm{d}\dot{\boldsymbol{r}}_{i+1}\,|_0}{\mathrm{d}\boldsymbol{q}_{i+1k}}\Delta\boldsymbol{q}_{i+1,k} \tag{6-10}$$

$$\boldsymbol{q}_i\,|_0 + \Delta\boldsymbol{q}_i = \boldsymbol{q}_{i+1}\,|_0 + \Delta\boldsymbol{q}_{i+1} \tag{6-11}$$

将位置向量和速度向量放在一个列矩阵中得

$$\boldsymbol{r}_i = \begin{bmatrix}\boldsymbol{r}_i\,|_0 \\ \dot{\boldsymbol{r}}_i\,|_0\end{bmatrix} \tag{6-12}$$

条件方程式(6-9)和式(6-11)的矩阵表示如下

$$\begin{bmatrix}\boldsymbol{H}_{i+1} & \boldsymbol{Q}_{i+1} \\ 0 & \boldsymbol{I}\end{bmatrix}\begin{bmatrix}\Delta\boldsymbol{E}_{i+1} \\ \Delta\boldsymbol{q}_{i+1}\end{bmatrix} = \begin{bmatrix}\boldsymbol{H}_i & \boldsymbol{Q}_i \\ 0 & \boldsymbol{I}\end{bmatrix}\begin{bmatrix}\Delta\boldsymbol{E}_i \\ \Delta\boldsymbol{q}_i\end{bmatrix} + \begin{bmatrix}\boldsymbol{rv}_i\,|_0 & -\boldsymbol{rv}_{i+1}\,|_0 \\ \boldsymbol{q}_i\,|_0 & -\boldsymbol{q}_{i+1}\,|_0\end{bmatrix} \tag{6-13}$$

其中，

$i$——天数；

$\boldsymbol{H}_i$——在 $t_{i+1}$ 时刻，从密切元素到初始坐标和速度的转换矩阵；

$\boldsymbol{Q}_i$——动态参数的偏导数；

$\Delta\boldsymbol{E}_i$——第 $i$ 天的密切轨道参数估值；

$\Delta\boldsymbol{q}_i$——第 $i$ 天的动力学参数估值；

$\boldsymbol{E}_i\,|_0$——单天轨道所对应的先验密切参数（$t = t_{i+1}$）；

$\boldsymbol{rv}_i\,|_0$——单天轨道所对应的先验位置与速度（$t = t_{i+1}$）；

$\boldsymbol{q}_i\,|_0$——单天轨道的先验动力学参数 $\boldsymbol{q}_i\,|_0 = (q_{i1}, q_{i2}, \cdots, q_{im1})\,|_0$。

为得到转换方程（与 $\Delta\hat{\boldsymbol{\beta}} = \boldsymbol{B}\Delta\tilde{\boldsymbol{\beta}} + \mathrm{d}\boldsymbol{\beta}$ 等同），对式(6-13)进行处理，认为 $\Delta\hat{\beta} = [\Delta\boldsymbol{E}_{i+1}, \boldsymbol{q}_{i+1}]'$，且有

$$\begin{bmatrix}\boldsymbol{H}_{i+1} & \boldsymbol{Q}_{i+1} \\ 0 & \boldsymbol{I}\end{bmatrix}^{-1} = \begin{bmatrix}\boldsymbol{H}_{i+1}^{-1} & -\boldsymbol{H}_{i+1}^{-1}\boldsymbol{Q}_{i+1} \\ 0 & \boldsymbol{I}\end{bmatrix} \tag{6-14}$$

得到

$$\begin{bmatrix}\Delta\boldsymbol{E}_{i+1} \\ \Delta\boldsymbol{q}_{i+1}\end{bmatrix} = \begin{bmatrix}\boldsymbol{K}_{i+1,i} & \boldsymbol{L}_{i+1,i} \\ 0 & \boldsymbol{I}\end{bmatrix}\begin{bmatrix}\Delta\boldsymbol{E}_i \\ \Delta\boldsymbol{q}_i\end{bmatrix} + \begin{bmatrix}\boldsymbol{M}_{i+1,i} \\ \boldsymbol{N}_{i+1,i}\end{bmatrix} \tag{6-15}$$

式中，

$\boldsymbol{K}_{i+1,i} = \boldsymbol{H}_{i+1}^{-1} \cdot \boldsymbol{H}_i$ ；

$\boldsymbol{L}_{i+1,i} = \boldsymbol{H}_{i+1}^{-1} \cdot (\boldsymbol{Q}_i - \boldsymbol{Q}_{i+1})$ ；

$\boldsymbol{M}_{i+1,i} = \boldsymbol{H}_{i+1}^{-1} \cdot \{(\boldsymbol{rv}_i|_0 - \boldsymbol{rv}_{i+1}|_0) - \boldsymbol{Q}_{i+1} \cdot (\boldsymbol{q}_i|_0 - \boldsymbol{q}_{i+1}|_0)\}$ ；

$\boldsymbol{N}_{i+1,i} = \boldsymbol{q}_i|_0 - \boldsymbol{q}_{i+1}|_0$ 。

用形如式(6-15)的转换序列，通过第 1 天的参数来表示第 $i+1$ 天的参数。这不需要运动方程的数值积分，而是通过下列递归的方法得到。其递归方程式为

$$\begin{bmatrix} \Delta \boldsymbol{E}_{i+1} \\ \Delta \boldsymbol{q}_{i+1} \end{bmatrix} = \begin{bmatrix} \boldsymbol{K}_{i+1} & \boldsymbol{L}_{i+1,1} \\ 0 & \boldsymbol{I} \end{bmatrix} \begin{bmatrix} \Delta \boldsymbol{E}_1 \\ \Delta \boldsymbol{q}_1 \end{bmatrix} + \begin{bmatrix} \boldsymbol{M}_{i+1,1} \\ \boldsymbol{N}_{i+1,1} \end{bmatrix} \tag{6-16}$$

其中，

$\boldsymbol{K}_{i+1,1} = \boldsymbol{K}_{i+1,i} \cdot \boldsymbol{K}_{i,1}$ ；

$\boldsymbol{l}_{i+1,1} = \boldsymbol{L}_{i+1,i} + \boldsymbol{K}_{i+1,i} \cdot \boldsymbol{L}_{i,1}$ ；

$\boldsymbol{M}_{i+1,1} = \boldsymbol{M}_{i+1,i} + \boldsymbol{L}_{i+1,i} \cdot (\boldsymbol{q}_1|_0 - \boldsymbol{q}_i|_0) + \boldsymbol{K}_{i+1,i} \cdot \boldsymbol{M}_{i,1}$ ；

$\boldsymbol{N}_{i+1,1} = \boldsymbol{q}_1|_0 - \boldsymbol{q}_{i+1}|_0$ 。

在将法方程叠加合成前，根据下列转换原则对第 $i+1$ 天的相应的法方程系统进行转换

$$\Delta \boldsymbol{y} + \boldsymbol{e} = \boldsymbol{X}\Delta\hat{\boldsymbol{\beta}};\quad \boldsymbol{D}(\Delta y) = \sigma^2 \boldsymbol{P}^{-1} \tag{6-17}$$

$$\boldsymbol{X}^{\mathrm{T}}\boldsymbol{P}\boldsymbol{X}\Delta\hat{\boldsymbol{\beta}} = \boldsymbol{X}^{\mathrm{T}}\boldsymbol{P}\Delta\boldsymbol{y} \rightarrow \boldsymbol{N}\Delta\hat{\boldsymbol{\beta}} = \boldsymbol{b}\ (\boldsymbol{N} = \boldsymbol{X}^{\mathrm{T}}\boldsymbol{P}\boldsymbol{X}, \boldsymbol{b} = \boldsymbol{X}^{\mathrm{T}}\boldsymbol{P}\Delta\boldsymbol{y}) \tag{6-18}$$

然后，参考参数转换方程(4-15)，可将式(6-18)中的 $\Delta\hat{\boldsymbol{\beta}}$ 解释为

$$\Delta\hat{\boldsymbol{\beta}} = \boldsymbol{B}\Delta\tilde{\boldsymbol{\beta}} + \mathrm{d}\boldsymbol{\beta} \tag{6-19}$$

式中，$\boldsymbol{B}$ 为 $u \times u$ 的转换矩阵、$\mathrm{d}\boldsymbol{\beta}$ 为 $u \times 1$ 的列向量。

将式(6-19)带入到式(6-17)，则有

$$\Delta\boldsymbol{y} - \boldsymbol{X}\mathrm{d}\boldsymbol{\beta} + \boldsymbol{e} = \boldsymbol{X}\boldsymbol{B}\Delta\tilde{\boldsymbol{\beta}} \tag{6-20}$$

因此，法方程则为

$$\boldsymbol{B}^{\mathrm{T}}\boldsymbol{X}^{\mathrm{T}}\boldsymbol{P}\boldsymbol{X}\boldsymbol{B}\Delta\tilde{\boldsymbol{\beta}} = \boldsymbol{B}^{\mathrm{T}}\boldsymbol{X}^{\mathrm{T}}\boldsymbol{P}\Delta\tilde{\boldsymbol{y}},\ \Delta\tilde{\boldsymbol{y}} = \Delta\boldsymbol{y} - \boldsymbol{X}\mathrm{d}\boldsymbol{\beta} \tag{6-21}$$

再结合式(6-18)则有

$$\tilde{\boldsymbol{N}}\Delta\tilde{\boldsymbol{\beta}} = \tilde{\boldsymbol{b}} \tag{6-22}$$

其中，$\tilde{\boldsymbol{N}} = \boldsymbol{B}^{\mathrm{T}}\boldsymbol{N}\boldsymbol{B}, \tilde{\boldsymbol{b}} = \boldsymbol{B}^{\mathrm{T}}(\boldsymbol{b} - \boldsymbol{N}\mathrm{d}\boldsymbol{\beta})$ 。

另外一种可供选择的办法是将全部的轨道参数 $\boldsymbol{E}_i$ 和 $\boldsymbol{q}_i, i = 2,3,\cdots,n$ 都保留在合成的法方程中，通过条件方程将这些参数与第 1 天的参数相连接。参数转换是一种非常好的方法，它只使用参数 $\boldsymbol{E}_c$ 和 $\boldsymbol{q}_c$ 且能保持合成的法方程尽可能的小。

### 6.3.2 密切元素与 $n$ 套动力学参数的合成

对于 $n$ 天弧段，如果不强制每天的动力学参数相同，则需处理 $n \times m_1$ 个动力学参数 $\boldsymbol{q}_{i,k}, i = 1,2,\cdots,n, k = 1,2,\cdots,m_1$ 在这种情况下，就得跳过上述条件方程式

(6-8)，只考虑下面两个条件方程

$$\vec{r}_i(t_{i+1}) = \vec{r}_{i+1}(t_{i+1}) \tag{6-23}$$

$$\dot{\vec{r}}_i(t_{i+1}) = \dot{\vec{r}}_{i+1}(t_{i+1}) \tag{6-24}$$

正如§6.3.1 讨论的那样，引入矩阵形式，则相应的方程式(6-16)有下列形式

$$\Delta \boldsymbol{E}_{i+1} = \boldsymbol{K}_{i+1,i} \cdot \Delta \boldsymbol{E}_i + \widetilde{\boldsymbol{L}}_{i+1,i} \cdot \Delta \boldsymbol{q}_i + \widetilde{\boldsymbol{L}}_{i+1,i+1} \cdot \Delta \boldsymbol{q}_{i+1} + \Delta \widetilde{\boldsymbol{M}}_{i+1,i} \tag{6-25}$$

其中，

$\boldsymbol{K}_{i+1,i} = \boldsymbol{H}_{i+1}^{-1} \cdot \boldsymbol{H}_i$；

$\widetilde{\boldsymbol{L}}_{i+1,i} = \boldsymbol{H}_{i+1}^{-1} \cdot \boldsymbol{Q}_i$；

$\widetilde{\boldsymbol{L}}_{i+1,i+1} = -\boldsymbol{H}_{i+1}^{-1} \cdot \boldsymbol{Q}_{i+1}$；

$\Delta \widetilde{\boldsymbol{M}}_{i+1,i} = \boldsymbol{H}_{i+1}^{-1}(x_{i,0} - x_{i+1,0})$。

紧接着应用递归变换可以得到

$$\Delta \boldsymbol{E}_{i+1} = \boldsymbol{K}_{i+1,1} \cdot \Delta \boldsymbol{E}_1 + \sum_{l=1}^{i+1} F_{i+1,l} \cdot \boldsymbol{q}_l + \Delta \widetilde{\boldsymbol{M}}_{i+1,1} \tag{6-26}$$

其中，

$\boldsymbol{K}_{i+1,1} = \boldsymbol{K}_{i+1,i} \cdot \boldsymbol{K}_{i,1}$；

$\boldsymbol{F}_{i+1,i+1} = \widetilde{\boldsymbol{L}}_{i+1,i+1}$；

$\boldsymbol{F}_{i+1,i} = \widetilde{\boldsymbol{L}}_{i+1,i} + \boldsymbol{K}_{i+1,i} \cdot \boldsymbol{F}_{i,i}$；

$\boldsymbol{F}_{i+1,l} = \boldsymbol{K}_{i+1,i} \cdot \boldsymbol{F}_{i,l}, (l = 1,2,\cdots,i-1)$；

$\Delta \widetilde{\boldsymbol{M}}_{i+1,1} = \Delta \widetilde{\boldsymbol{M}}_{i+1,i} + \boldsymbol{K}_{i+1,i} \cdot \Delta \widetilde{\boldsymbol{M}}_{i,1}$。

根据§6.3.1 的论述，在对法方程进行叠加之前，必须先进行参数转换。

### 6.3.3 随机参数的合成

对于随机参数可以引入一个简单的定义：$\boldsymbol{v}_{\text{new}}(\boldsymbol{\tau}) = \boldsymbol{v}_{\text{old}}(\boldsymbol{\tau}) + s \cdot e$。通过相邻天的边界 $t_i$ 和 $t_{i+1}$ 来定义一个特定的第 $i$ 天，在 $\tau \leqslant t_i$ 的情况下，一个伪随机脉冲 $s$ 在 $e$ 方向可以允许在那个时刻速度有变化。轨道综合最为重要的是需要计算出在 $t_i$ 时刻和所有接下来的密切历元时刻作用在卫星轨道根数上的特殊脉冲的影响。利用特殊的天体摄动理论，能够将连续的参数所包含的影响表示成脉冲向量 $\boldsymbol{s} \cdot e$ 的线性函数。

一个随机脉冲 $\boldsymbol{s} \cdot e$ 在 $\tau$ 时刻引起的轨道长半轴上的变化为

$$\Delta \boldsymbol{a}_s(\tau) = \boldsymbol{s} \cdot \frac{2}{n \cdot \sqrt{1-e^2}} \cdot \left(e \cdot \sin\upsilon \cdot e_R + \frac{a \cdot (1-e^2)}{r} \cdot e_s\right) \tag{6-27}$$

在 $t_i$ 历元时刻，随机脉冲对密切元素的影响为

$$\Delta \boldsymbol{E}_s(\tau) = \boldsymbol{M}_s(t_i,\tau) \cdot \Delta \boldsymbol{E}_s(t_i) \tag{6-28}$$

其中

$$[\boldsymbol{M}_s(t_i,\tau)]_{jk} = \frac{\mathrm{d}[\boldsymbol{E}_i(\tau)]_j}{\mathrm{d}[\boldsymbol{E}(t_i)]_k} \tag{6-29}$$

式中的 $\boldsymbol{M}_s$ 从经过处理的动态方程中得到,其中考虑到了轨道模型中所用的摄动力;$\Delta\boldsymbol{E}_s(t_i)$ 线性转换方程为

$$\Delta\boldsymbol{E}_s(t_i) = \boldsymbol{M}_s^{-1}(t_i,\tau)\cdot\boldsymbol{\kappa}_s(\tau)\cdot\boldsymbol{s} \tag{6-30}$$

式(6-30)使得在短弧边界 $t_i$ 上设置附加的随机参数(在 3 个独立的方向上)在应用上成为可能。在第 $i$ 天的法方程系统中,$t_i$ 时刻的密切元素的变化可以根据式(6-30)所引入的随机参数表达成线性函数。事实上,第 $i$ 天的密切元素无论如何都是与时间历元相关的随机参数的函数。

假设 $\Delta\tilde{\boldsymbol{\beta}}_i$ 包含了法方程 $i$ 中所有的参数,包括以前 $n$ 天设置的所有随机参数,加上在单天边界 $t_j, j=2,i$ 中设置的所有的附加参数。由式(6-30)得到参数转换方程 $\Delta\hat{\boldsymbol{\beta}}_i = \boldsymbol{B}\Delta\tilde{\boldsymbol{\beta}}$

$$\Delta\hat{\boldsymbol{\beta}}_i = \Delta\tilde{\boldsymbol{E}}_i = [\boldsymbol{I}\quad \boldsymbol{T}_1\cdots\boldsymbol{T}_{i-1}\quad \boldsymbol{T}_2^*\cdots\boldsymbol{T}_i^*]\begin{bmatrix}\Delta\hat{\boldsymbol{E}}_i\\ \hat{\boldsymbol{s}}_1\\ \vdots\\ \hat{\boldsymbol{s}}_{i-1}\\ \hat{\boldsymbol{s}}_2^*\\ \vdots\\ \hat{\boldsymbol{s}}_i^*\end{bmatrix} \tag{6-31}$$

其中,

$\Delta\hat{\boldsymbol{E}}_i$ ——法方程 $i$ 中开普勒参数;

$\hat{\boldsymbol{s}}_j$ ——法方程 $j$ 中伪随机参数;

$\hat{\boldsymbol{s}}_j^*$ ——前一天弧段的边界上附加的伪随机参数;

$\boldsymbol{T}_j$ ——设置在前一弧段 $j=1,2,\cdots,i-1$ 中的伪随机参数的转换矩阵;

$\boldsymbol{T}_j^*$ ——附加伪随机参数的转换矩阵。

经过矩阵转换,我们可以得到一个扩展的法方程,并且通过传统的方法进行叠加,合成新的法方程。应当注意到,这个扩展的法方程系统将可能会是奇异矩阵,当合并成 $n$ 天弧段后,奇异性会自动消除。

## §6.4　连续单天解弧段合成多天解弧段的算例分析

为检验前述的基于法方程叠加的轨道综合的方法的可行性,笔者在前面的参数估计程序的基础上进行了部分扩展,增加了连续单天解弧段合成多天解弧段部分。

采用 2003 年 10 月 15—17 日的 5 个连续跟踪站的观测数据进行轨道估计,先估计单天解轨道,单天解轨道估计时以广播星历作为先验轨道,其单天解轨道与 IGS 精

密轨道的比较如表 6-3 所示。

**表 6-3 单天解轨道与 IGS 精密轨道的比较**

| 日期 | 卫星序号 | 总偏差 | ΔX | ΔY | ΔZ | ΔR | ΔA | ΔC |
|---|---|---|---|---|---|---|---|---|
| 10 月 15 日 | 1 | 62.260 4 | 56.571 4 | 61.599 8 | 68.075 1 | 19.548 4 | 106.034 4 | 3.332 6 |
| | 2 | 4.118 5 | 5.476 7 | 3.306 0 | 3.156 3 | 2.604 0 | 5.840 9 | 3.191 8 |
| | 3 | 2.333 1 | 2.063 4 | 2.457 3 | 2.456 5 | 1.000 3 | 3.289 2 | 2.125 1 |
| | 4 | 1.743 0 | 2.212 0 | 1.913 9 | 0.747 5 | 0.384 9 | 2.392 7 | 1.801 7 |
| | 5 | 18.787 4 | 23.363 1 | 11.348 4 | 19.603 2 | 6.934 6 | 31.653 7 | 3.083 3 |
| | 6 | 23.895 3 | 18.260 0 | 29.523 6 | 22.536 2 | 8.242 6 | 40.531 4 | 1.591 6 |
| | 7 | 3.156 4 | 2.081 8 | 3.835 2 | 3.293 2 | 1.402 2 | 4.888 5 | 1.996 4 |
| | 8 | 28.802 5 | 24.521 7 | 36.389 6 | 23.732 7 | 10.342 9 | 48.770 3 | 2.685 8 |
| | 9 | 17.624 9 | 15.751 7 | 17.283 1 | 19.623 6 | 11.036 5 | 28.526 9 | 1.756 2 |
| | 10 | 5.908 3 | 8.495 4 | 4.687 7 | 3.252 2 | 2.951 6 | 9.184 7 | 3.382 5 |
| | 11 | 1.196 5 | 1.104 3 | 1.533 3 | 0.851 1 | 0.599 9 | 1.782 1 | 0.871 7 |
| | 13 | 27.671 3 | 24.389 9 | 26.017 7 | 32.020 6 | 10.162 2 | 46.785 8 | 2.064 4 |
| | 14 | 1.992 7 | 2.699 4 | 1.985 0 | 0.827 8 | 0.341 5 | 1.879 7 | 2.874 3 |
| | 15 | 7.958 6 | 7.493 2 | 8.837 0 | 7.468 4 | 4.382 9 | 12.892 1 | 2.224 6 |
| | 16 | 4.461 1 | 5.964 9 | 2.485 6 | 4.236 4 | 2.631 3 | 6.602 0 | 3.035 3 |
| | 17 | 1.330 9 | 1.757 2 | 1.349 8 | 0.635 6 | 0.250 5 | 1.554 4 | 1.685 1 |
| | 18 | 2.548 6 | 2.340 4 | 2.289 6 | 2.960 8 | 1.112 2 | 3.490 0 | 2.465 6 |
| | 20 | 17.127 5 | 23.112 2 | 11.398 3 | 14.695 5 | 5.900 8 | 29.044 4 | 1.279 9 |
| | 21 | 5.716 6 | 4.551 7 | 6.688 1 | 5.708 8 | 1.704 2 | 9.618 1 | 1.645 3 |
| | 23 | 2.934 7 | 2.831 6 | 3.864 9 | 1.697 5 | 0.854 4 | 4.057 6 | 2.945 6 |
| | 24 | 2.586 3 | 2.849 0 | 2.335 9 | 2.548 4 | 1.205 2 | 3.730 4 | 2.180 5 |
| | 25 | 3.029 2 | 3.635 8 | 3.512 7 | 1.403 6 | 0.586 7 | 4.591 1 | 2.473 8 |
| | 26 | 13.935 7 | 14.501 0 | 12.855 1 | 14.390 4 | 6.278 3 | 23.142 2 | 2.506 2 |
| | 27 | 34.980 0 | 31.940 6 | 41.544 1 | 30.408 9 | 12.594 6 | 59.215 2 | 2.713 1 |
| | 28 | 1.411 9 | 0.810 9 | 1.760 2 | 1.491 4 | 0.385 1 | 1.337 8 | 2.009 6 |
| | 29 | 10.838 4 | 11.695 4 | 10.492 0 | 10.273 6 | 5.367 6 | 17.833 0 | 2.279 6 |
| | 30 | 17.672 1 | 20.128 6 | 13.055 1 | 19.008 2 | 5.106 7 | 30.160 9 | 1.105 4 |
| | 31 | 2.006 7 | 2.413 1 | 2.239 1 | 1.115 5 | 0.586 8 | 2.924 0 | 1.785 2 |
| 10 月 16 日 | 1 | 75.871 8 | 68.379 1 | 75.449 8 | 83.073 5 | 24.689 7 | 129.016 9 | 5.119 5 |
| | 2 | 2.430 1 | 3.014 4 | 2.380 2 | 1.721 9 | 0.864 3 | 3.983 1 | 1.064 5 |
| | 3 | 2.804 5 | 2.799 3 | 2.683 7 | 2.925 4 | 1.475 3 | 4.566 9 | 0.728 2 |
| | 4 | 5.053 2 | 2.843 7 | 6.363 4 | 5.294 0 | 2.301 8 | 8.353 0 | 1.236 4 |
| | 5 | 8.566 4 | 9.735 1 | 6.538 8 | 9.089 8 | 5.918 5 | 13.578 4 | 0.850 6 |
| | 6 | 17.835 2 | 12.930 4 | 18.156 2 | 21.387 8 | 10.784 9 | 28.910 5 | 1.811 1 |
| | 7 | 4.481 9 | 3.547 6 | 5.285 2 | 4.443 4 | 1.955 9 | 7.441 3 | 1.024 7 |

续表

| 日期 | 卫星序号 | 总偏差 | $\Delta X$ | $\Delta Y$ | $\Delta Z$ | $\Delta R$ | $\Delta A$ | $\Delta C$ |
|---|---|---|---|---|---|---|---|---|
| 10月16日 | 8 | 39.082 7 | 32.193 7 | 49.459 2 | 33.162 1 | 14.512 4 | 66.094 3 | 3.194 9 |
| | 9 | 25.710 4 | 27.248 8 | 26.677 6 | 22.997 4 | 13.954 6 | 42.386 0 | 1.792 4 |
| | 10 | 4.689 3 | 6.736 6 | 2.059 7 | 4.042 6 | 2.524 3 | 7.622 2 | 1.169 3 |
| | 11 | 2.726 7 | 2.912 5 | 3.047 0 | 2.130 4 | 1.339 1 | 4.115 4 | 1.889 2 |
| | 13 | 87.290 5 | 75.349 3 | 82.527 3 | 101.836 3 | 30.727 6 | 147.852 7 | 6.991 7 |
| | 14 | 2.127 7 | 1.662 0 | 1.640 0 | 2.851 3 | 1.594 2 | 3.317 1 | 0.190 9 |
| | 15 | 6.395 4 | 6.763 0 | 6.794 9 | 5.549 3 | 3.831 8 | 10.379 5 | 0.643 5 |
| | 16 | 3.944 3 | 5.231 9 | 2.150 3 | 3.830 9 | 2.136 5 | 6.380 6 | 1.187 5 |
| | 17 | 2.998 7 | 3.061 6 | 3.167 4 | 2.751 6 | 2.216 7 | 4.708 7 | 0.321 7 |
| | 18 | 2.699 1 | 1.711 2 | 2.299 0 | 3.693 5 | 1.851 2 | 4.267 6 | 0.449 0 |
| | 20 | 25.703 8 | 34.431 4 | 19.721 4 | 20.189 1 | 7.956 9 | 43.500 8 | 5.129 2 |
| | 21 | 9.525 6 | 9.499 1 | 11.646 8 | 6.806 6 | 4.761 3 | 15.757 3 | 1.259 9 |
| | 23 | 1.855 9 | 1.828 0 | 1.645 5 | 2.069 8 | 1.237 7 | 2.929 3 | 0.472 8 |
| | 24 | 4.431 5 | 3.546 1 | 4.045 7 | 5.474 7 | 2.384 3 | 7.273 9 | 0.695 9 |
| | 25 | 1.799 6 | 1.708 7 | 1.450 7 | 2.165 9 | 1.142 9 | 2.878 7 | 0.367 5 |
| | 26 | 4.934 7 | 4.889 5 | 4.506 5 | 5.370 1 | 2.363 0 | 8.126 5 | 1.120 3 |
| | 27 | 52.807 1 | 47.851 3 | 62.337 0 | 46.798 8 | 19.760 1 | 89.278 3 | 2.992 3 |
| | 28 | 3.602 6 | 4.044 6 | 3.055 9 | 3.638 5 | 1.401 8 | 6.021 9 | 0.855 4 |
| | 29 | 8.888 6 | 8.904 4 | 7.718 8 | 9.907 2 | 4.645 5 | 14.631 2 | 0.984 1 |
| | 30 | 10.769 6 | 10.712 9 | 8.763 6 | 12.505 5 | 6.489 6 | 17.415 2 | 1.380 7 |
| | 31 | 1.799 2 | 1.983 4 | 0.937 7 | 2.213 1 | 1.223 6 | 2.840 1 | 0.371 7 |
| 10月17日 | 1 | 7.575 6 | 5.489 0 | 7.493 4 | 9.267 6 | 4.148 8 | 12.380 1 | 1.289 1 |
| | 2 | 3.088 2 | 3.577 7 | 2.994 6 | 2.616 0 | 1.210 4 | 5.097 4 | 1.121 5 |
| | 3 | 7.808 0 | 6.723 9 | 9.812 5 | 6.434 4 | 2.864 2 | 13.082 0 | 1.895 5 |
| | 4 | 2.158 8 | 2.246 9 | 2.289 1 | 1.921 6 | 0.877 6 | 3.114 7 | 1.869 6 |
| | 5 | 4.707 0 | 4.640 1 | 4.546 4 | 4.926 3 | 2.113 3 | 7.711 5 | 1.575 6 |
| | 6 | 23.139 2 | 18.341 5 | 28.530 3 | 21.351 3 | 8.303 6 | 38.974 8 | 4.436 4 |
| | 7 | 10.404 0 | 8.293 2 | 12.343 8 | 10.177 4 | 3.848 8 | 17.391 8 | 2.674 7 |
| | 8 | 33.988 2 | 29.320 2 | 42.224 6 | 28.688 1 | 13.354 3 | 57.365 3 | 1.744 7 |
| | 9 | 26.703 3 | 27.707 1 | 27.243 2 | 25.086 3 | 13.406 0 | 44.312 1 | 2.506 3 |
| | 10 | 2.995 4 | 3.922 7 | 1.501 6 | 3.045 4 | 1.545 8 | 4.774 4 | 1.304 0 |
| | 11 | 2.084 5 | 2.523 9 | 1.844 0 | 1.806 8 | 0.993 7 | 2.577 4 | 2.324 5 |
| | 13 | 4.645 8 | 2.647 8 | 5.196 8 | 5.543 7 | 3.291 8 | 7.176 6 | 1.547 1 |
| | 14 | 2.036 2 | 2.351 4 | 1.615 0 | 2.074 1 | 1.155 0 | 2.889 2 | 1.660 2 |
| | 15 | 8.141 1 | 8.490 6 | 8.497 7 | 7.384 4 | 4.277 5 | 13.343 7 | 1.699 6 |
| | 16 | 4.498 8 | 6.165 4 | 1.891 1 | 4.373 8 | 2.257 9 | 7.359 3 | 1.221 3 |
| | 17 | 2.247 3 | 2.933 1 | 2.154 9 | 1.380 0 | 1.158 0 | 3.361 5 | 1.607 9 |

续表

| 日期 | 卫星序号 | 总偏差 | ΔX | ΔY | ΔZ | ΔR | ΔA | ΔC |
|---|---|---|---|---|---|---|---|---|
| 10月17日 | 18 | 2.450 1 | 2.621 4 | 2.904 0 | 1.644 2 | 0.647 7 | 3.766 9 | 1.846 9 |
| | 20 | 29.395 7 | 38.275 6 | 21.841 8 | 25.499 8 | 13.056 4 | 49.050 8 | 3.994 4 |
| | 21 | 9.812 7 | 9.239 3 | 11.818 4 | 7.989 3 | 3.174 4 | 16.590 5 | 1.974 5 |
| | 23 | 1.541 8 | 1.438 3 | 1.613 9 | 1.567 9 | 0.832 1 | 2.185 4 | 1.285 4 |
| | 24 | 2.333 6 | 2.768 0 | 2.310 5 | 1.826 8 | 1.165 3 | 3.414 1 | 1.829 5 |
| | 25 | 3.262 8 | 3.168 1 | 3.771 4 | 2.770 7 | 1.479 9 | 5.276 0 | 1.400 3 |
| | 26 | 13.990 3 | 13.915 0 | 11.967 5 | 15.822 0 | 6.947 7 | 23.079 0 | 2.165 7 |
| | 27 | 32.249 7 | 29.884 4 | 36.377 1 | 30.062 6 | 13.314 2 | 54.276 2 | 1.506 3 |
| | 28 | 2.471 6 | 2.578 8 | 2.709 5 | 2.082 2 | 0.833 6 | 3.974 6 | 1.357 0 |
| | 29 | 12.604 7 | 12.848 2 | 11.721 8 | 13.197 0 | 6.287 9 | 20.796 9 | 1.942 4 |
| | 30 | 11.505 2 | 12.971 1 | 7.791 1 | 12.967 7 | 3.647 8 | 19.514 7 | 1.674 1 |
| | 31 | 2.280 4 | 2.753 9 | 1.892 7 | 2.105 9 | 1.046 9 | 3.289 3 | 1.915 9 |

从表 6-2 可以看出，由于定轨所采用的地面跟踪站数据有限，且分布在局部区域，在每天中地面跟踪站对 GPS 卫星的可视弧段有限，由于没有足够的观测数据进行约束，这样单天定轨的结果可能会发散，造成有些卫星单天定轨的结果比较差，最差的可能达到几十米，对于那些跟踪时间较长的卫星，其定轨精度大致在 5 m以内。

然后采用基于轨道叠加的方法进行轨道综合，为简化计算，在轨道叠加时不附加随机参数。合成后的三天解轨道与 IGS 精密轨道的比较如表 6-4 所示。

**表 6-4 三天解轨道综合结果与 IGS 精密轨道的比较**

| 日期 | 卫星序号 | 总偏差 | ΔX | ΔY | ΔZ | ΔR | ΔA | ΔC |
|---|---|---|---|---|---|---|---|---|
| 10月15日—10月18日 | 1 | 1.338 4 | 0.407 1 | 2.025 3 | 1.052 0 | 0.567 7 | 1.611 0 | 1.567 4 |
| | 2 | 0.923 0 | 0.693 6 | 0.895 7 | 1.128 0 | 0.579 0 | 1.422 3 | 0.462 4 |
| | 3 | 1.282 5 | 1.527 8 | 0.993 2 | 1.270 3 | 0.672 0 | 2.014 0 | 0.646 1 |
| | 4 | 0.889 1 | 0.949 6 | 0.436 0 | 1.131 3 | 0.613 2 | 1.170 8 | 0.790 5 |
| | 5 | 0.971 7 | 0.681 4 | 0.567 0 | 1.430 8 | 0.677 0 | 1.438 4 | 0.551 2 |
| | 6 | 1.177 6 | 0.782 2 | 0.579 6 | 1.792 4 | 0.803 5 | 1.767 5 | 0.625 8 |
| | 7 | 0.856 4 | 0.832 5 | 0.728 7 | 0.988 2 | 0.615 0 | 1.112 0 | 0.765 3 |
| | 8 | 0.916 3 | 0.397 3 | 0.999 5 | 1.167 1 | 0.600 2 | 1.317 4 | 0.645 7 |
| | 9 | 1.667 0 | 2.313 7 | 0.638 1 | 1.605 3 | 0.751 7 | 2.611 9 | 0.951 8 |
| | 10 | 0.947 6 | 0.895 9 | 0.485 8 | 1.286 5 | 0.636 6 | 1.228 1 | 0.884 0 |
| | 11 | 1.163 9 | 1.460 3 | 0.869 8 | 1.083 8 | 0.516 5 | 1.790 5 | 0.767 6 |
| | 13 | 1.224 3 | 0.899 5 | 1.269 7 | 1.440 7 | 0.718 2 | 1.751 9 | 0.955 7 |
| | 14 | 0.886 8 | 0.683 1 | 0.619 4 | 1.228 3 | 0.648 9 | 1.231 3 | 0.649 5 |

续表

| 日期 | 卫星序号 | 总偏差 | $\Delta X$ | $\Delta Y$ | $\Delta Z$ | $\Delta R$ | $\Delta A$ | $\Delta C$ |
|---|---|---|---|---|---|---|---|---|
| 10月15日—10月18日 | 15 | 1.220 1 | 1.029 5 | 1.312 7 | 1.297 2 | 0.599 3 | 1.779 4 | 0.966 0 |
| | 16 | 0.735 9 | 0.632 5 | 0.610 6 | 0.922 8 | 0.443 4 | 1.085 9 | 0.499 2 |
| | 17 | 1.182 5 | 0.571 8 | 1.393 2 | 1.388 1 | 0.625 3 | 1.813 6 | 0.705 0 |
| | 18 | 0.701 3 | 0.455 4 | 0.680 4 | 0.897 3 | 0.476 9 | 1.023 8 | 0.444 8 |
| | 20 | 0.935 3 | 0.795 7 | 0.805 7 | 1.158 5 | 0.712 9 | 1.278 2 | 0.694 0 |
| | 21 | 0.789 2 | 0.721 1 | 0.696 7 | 0.929 0 | 0.582 3 | 1.034 4 | 0.677 7 |
| | 23 | 1.623 4 | 1.060 6 | 1.239 2 | 2.290 4 | 1.245 7 | 2.340 4 | 0.934 6 |
| | 24 | 0.881 2 | 0.690 3 | 0.453 1 | 1.283 7 | 0.589 0 | 1.291 2 | 0.561 6 |
| | 25 | 0.798 7 | 0.580 6 | 0.392 3 | 1.192 8 | 0.541 8 | 1.200 3 | 0.424 2 |
| | 26 | 0.883 2 | 0.725 5 | 0.339 5 | 1.303 3 | 0.461 5 | 1.347 3 | 0.551 5 |
| | 27 | 1.123 6 | 0.533 7 | 1.348 7 | 1.297 5 | 0.588 8 | 1.664 0 | 0.815 1 |
| | 28 | 0.946 5 | 0.530 8 | 0.810 8 | 1.322 3 | 0.622 8 | 1.432 0 | 0.495 5 |
| | 29 | 0.974 6 | 0.936 9 | 0.550 4 | 1.291 8 | 0.525 3 | 1.538 7 | 0.457 1 |
| | 30 | 1.016 4 | 1.024 2 | 0.860 6 | 1.144 3 | 0.671 5 | 1.387 9 | 0.847 2 |
| | 31 | 1.142 5 | 1.008 0 | 1.186 0 | 1.221 9 | 0.535 7 | 1.745 2 | 0.754 3 |

从表 6-3 可以看出，经轨道综合后的三天解轨道相对于单天解轨道而言，其精度有明显的改进。三天解轨道精度在 1 m 左右，且其法向误差最小，径向误差次之，切向误差最大。经轨道综合后轨道精度明显提高的原因在于：由于利用 3 个单天解轨道按轨道叠加的方法进行轨道综合得到三天解轨道与直接利用 3 天的观测数据进行定轨的效果是一致的，在局域定轨中，对于单天解，地面跟踪站对某些 GPS 卫星的可视弧段非常少(甚至在某些测站上对某些卫星根本就没有观测值)，由于没有足够的观测数据进行约束，这样单天定轨的结果可能会发散，造成有些卫星单天定轨的结果比较差。在进行轨道综合后，在 3 天内地面跟踪站对 GPS 卫星的可视弧段要提高很多，在利用单天观测数据进行定轨过程中，地面站对卫星的跟踪只集中在某一弧段，而对于三天解弧段，从长弧段的观点来看，可以认为，在整个三天解弧段中，地面跟踪站都对卫星有非连续的观测值，这对避免定轨结果的发散是非常有效的。这一点可用图 6-3 进行直观地说明。

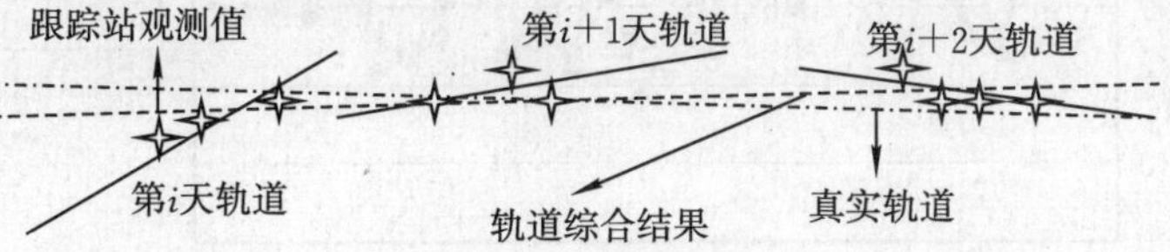


图 6-3　轨道综合对局域定轨的影响分析

为了比较轨道综合后的三天解轨道中每一天的轨道精度区别，现用图 6-4 至图 6-6 进行说明。

从图 6-4 至图 6-6 可以看出，利用 3 个单天解轨道进行轨道综合以后，得到的三天解轨道。对于每一个卫星而言，其三天解轨道的第 2 天的轨道的效果总体而言是最好的，这也就是目前许多 IGS 分析中心(AC)在提供最终精密轨道时，采用 3 个单天解轨道进行轨道综合，取轨道综合结果的中间一天的轨道作为最终提供的轨道的原因。但需要注意的是，在图 6-4 至图 6-6 中，三天解轨道的第 2 天轨道与第 1 天轨道或第 3 天轨道的差别并不明显。由此可见，对于局域定轨，轨道综合的效用不仅在于保持轨道的连续性，更重要的是显著地提高了定轨的精度。这一点对建立我国自己的导航定位系统以及发展航天技术是非常重要的，由于各种政治上的原因，我国地面跟踪站(测控站)不可能是全球覆盖的，只能是采用局域定轨，在单天解的轨道精度较差的情况下，采用轨道综合的方法能明显提高定轨或轨道测控的精度。

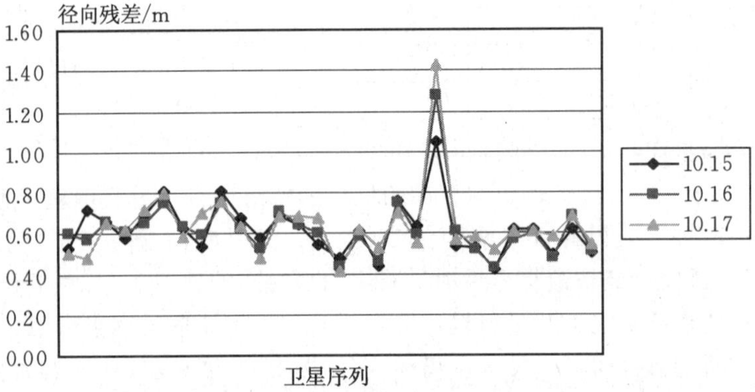


图 6-4 轨道综合后的单天轨道径向残差

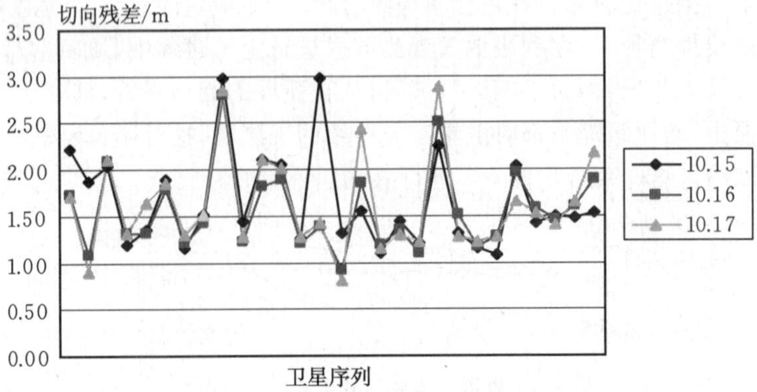


图 6-5 轨道综合后的单天轨道切向残差

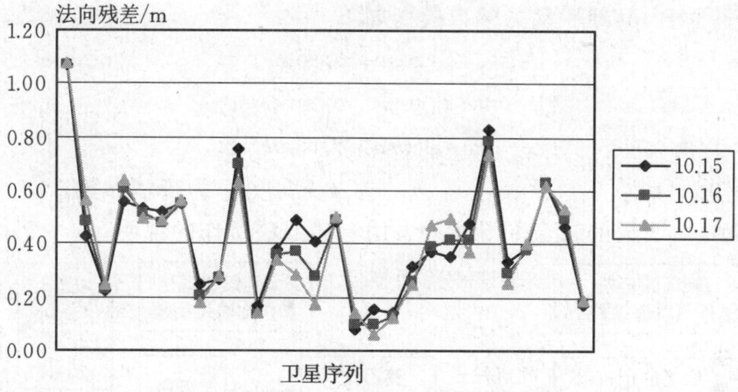


图 6-6　轨道综合后的单天轨道法向残差

## §6.5　利用动力平滑的方法进行简化的轨道合成

进行精密定轨可以得到单天解的轨道参数(包括轨道根数和光压参数等),在统一的力模型下对所求得的轨道参数进行积分,可以得到任意时间间隔的 GPS 卫星位置,此时的 GPS 轨道以一系列的离散点的形式表示。如果将相邻多天的定轨结果作为含有误差的虚拟观测值,重新利用动力条件进行定轨,则可实现利用动力平滑的方法进行简化的轨道合成。其观测方程和运动方程可描述为

$$\boldsymbol{L}_i = \boldsymbol{B}(t_i, t_0)\boldsymbol{x}_0 + \boldsymbol{\Delta}_i \tag{6-32}$$

$$\left.\begin{aligned} \dot{\boldsymbol{x}} &= F(\boldsymbol{x}, t) \\ \boldsymbol{x}\big|_{t_0} &= \boldsymbol{x}_0 \end{aligned}\right\} \tag{6-33}$$

其中,$\boldsymbol{L}_i$ 为 $t_i$ 时刻的卫星位置,$\boldsymbol{B}$ 为一系数矩阵,其中包含求解式(6-33)得到的状态转移矩阵,$\boldsymbol{x}$ 为卫星轨道参数(状态参数),$\boldsymbol{\Delta}_i$ 为观测噪声,$F(\boldsymbol{x},t)$ 为反映卫星受力信息的非线性泛函,$\boldsymbol{x}_0$ 为卫星轨道参数的初始值。

进行轨道平滑可以采用纯数学的多项式平滑,但其忽略了动力信息,效果一般。因此一般的做法是顾及动力模型,采用附加经验参数的动力平滑方法。所采用的主要的动力模型如表 6-5 所示。

表 6-5　GPS 轨道平滑的主要动力模型

| 力源 | 采用的模型 |
|---|---|
| 重力场 | JGM3(只考虑至 8 阶) |
| 第 $N$ 个行星引力 | JPL DE200 |
| 固体潮、海洋潮汐 | OT_CSRC |
| 太阳光压 | BERN ECOM |

另外还可以附加一序列的经验动力参数,用于吸收重力场模型的残余误差,对

于GPS轨道而言,其经验动力参数模型如下

$$\boldsymbol{P}_{\text{emp}} = \begin{bmatrix} a_{r1}\cos u & b_{r1}\sin u & c_{r1} \\ a_{t1}\cos u & b_{t1}\sin u & c_{t1} \\ a_{n1}\cos u & b_{n1}\sin u & c_{n1} \end{bmatrix} \tag{6-34}$$

式中,$u$ 为卫星纬度,$a_{r1}$、$b_{r1}$、$c_{r1}$、$a_{t1}$、$b_{t1}$、$c_{t1}$、$a_{n1}$、$b_{n1}$、$c_{n1}$ 为待估参数。

图6-7是对3天的轨道平滑过程采用上述方法所作的说明。

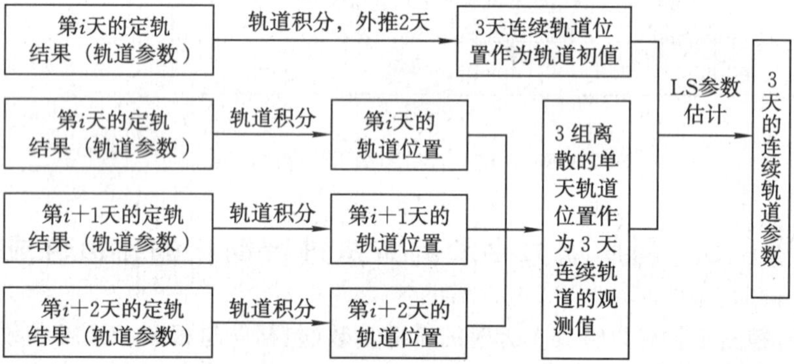


图6-7 3天的轨道平滑过程

由图6-7中可以看出:利用动力平滑的方法进行简化的轨道合成的实质是在顾及动力模型的前提下,利用多天的轨道位置去拟合出一套轨道参数,利用该轨道参数可以积分出多天的连续轨道。

与前述的基于法方程叠加的轨道综合方法相比,利用动力平滑的方法进行简化的轨道合成将每天的轨道位置作为虚拟观测值进行处理,从而忽略了原始观测值残差信息,从理论上是不严密的,但实际处理得到的轨道较为平滑。

对利用动力平滑的方法进行简化的轨道合成进行改化,可以进行轨道改进(如图6-8所示)。

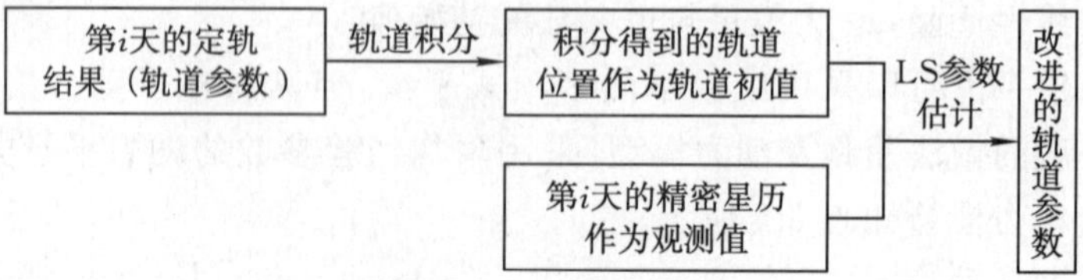


图6-8 轨道改进过程

对于上述的利用动力平滑的方法进行简化的轨道合成或轨道改进,在GAMIT程序中是通过ORBFIT程序实现的,在BERNESE程序中是通过ORBIMP程序实现的。

## §6.6 不同分析中心处理的多天解弧段的合成

在 GPS 卫星轨道确定过程中,往往有不同的数据处理中心利用不同的地面网跟踪站数据,甚至统一的地面跟踪站数据对同一卫星进行定轨。由于利用的数据不同或利用定轨软件的不同或估计的参数和采用的模型的差异,对于同一卫星同一弧段各个处理中心定轨的结果是不同的。为便于用户使用,往往将各个数据处理中心的定轨结果进行再次的轨道合成,例如,IGS 轨道是对 7 个 IGS 分析中心各自的轨道处理结果的合成处理结果。出于要形成一个权威的、官方的轨道结果考虑,IGS 采取了一系列的措施对不同分析中心的轨道结果进行处理,形成了目前的 IGS 精密星历。

对于不同轨道处理结果的合成一般有两种方法:

(1)对不同轨道处理中心的结果在地固坐标系统下进行加权平均处理。这种轨道合成方法首先将所提交的不同的轨道处理结果转换到一个与 ITRF 一致的统一的参考框架下,然后进行加权平均。这种方法简便、灵活,可以很容易地得到合成轨道,不足的是此方法得到的合成的轨道连续性较差。事实上这样的合成轨道已经不能完全满足轨道的动态连续特性。

(2)将不同的轨道处理结果作为伪观测值("直接虚拟观测值"或"间接虚拟观测值")引入到定轨处理中,即将各个处理中心得到 GPS 卫星的状态向量以及光压参数估计结果再参加轨道合成,在一定的条件下等同于将不同的轨道处理结果作为伪观测值参加定轨处理。其优点在于保持了卫星轨道的动态特性,而且可以得到 24 h 甚至更长弧段的处理结果,同时可靠性得到了增强;缺点是增加了处理的复杂性。如果简单来讲,就是将不同轨道分析中心处理结果的法方程矩阵进行了叠加处理。

下面就轨道加权平均方法的参数估计过程进行讨论:假设加权平均后的轨道参数(地固坐标系)可表示为

$$\boldsymbol{X} = \boldsymbol{X}^0 + \Delta\boldsymbol{X} \tag{6-35}$$

设有 $m$ 个处理中心,即对同一卫星轨道有 $m$ 个估计结果:$X_1, X_2, \cdots, X_m$,设轨道成果通过 $n$ 个离散的数据值描述(比如每隔 15 min 取一个轨道值),对于第 $i$ 个处理中心来讲,其数据点可表示为 $X_i^1, X_i^2, \cdots, X_i^n$,考虑到不同分析中心的轨道结果之间可能存在系统性差异,由此我们可建立以下方程式

$$\boldsymbol{X}_i^k + \boldsymbol{V}_i^k = \boldsymbol{B}_i\boldsymbol{Y}_i + \Delta\boldsymbol{X}^k + \boldsymbol{X}^0 \qquad \begin{pmatrix} i = 1,2,\cdots,m \\ k = 1,2,\cdots,n \end{pmatrix} \tag{6-36}$$

其中,$\boldsymbol{Y}_i = [\Delta x_i \quad \Delta y_i \quad \Delta z_i \quad d_i \quad \varepsilon_{x_i} \quad \varepsilon_{y_i} \quad \varepsilon_{z_i}]^{\mathrm{T}}$ 为 $i$ 数据中心定轨结果的转换参数。

对于 $\boldsymbol{X}^0$ 的选取可以从以下两方面考虑：

(1) $\boldsymbol{X}^0$ 选用其中某一中心的结果，即固定某中心结果。

(2) $\boldsymbol{X}^0$ 取 $m$ 个数据处理中心的简单平均值。

具体做法是在轨道加权平均处理之前，首先要消除各种处理结果之间参考框架的微小差异。引起这种轨道之间的系统误差的原因可以归结为：

(1)各个处理中心所采用的GPS跟踪站并不完全一致。

(2)不同处理中心对于轨道处理所采用的方案存在差异，所采用的跟踪站坐标并不完全一致，对于跟踪站坐标的约束也不尽相同。

(3)各个处理中心所采用的软件不一致，软件之间在模型方面也存在着一定差异。

取每颗卫星的计算结果直接平均得到的轨道作为初步的轨道合成结果，然后与各个轨道处理结果进行7参数的Helmert变换，从得到的卫星位置转换残差来确定各个处理中心的权以及各个卫星的权。其转换公式为

$$\begin{bmatrix} x_i \\ y_i \\ z_i \end{bmatrix} = \begin{bmatrix} x_0 \\ y_0 \\ z_0 \end{bmatrix} + \begin{bmatrix} T_1 \\ T_2 \\ T_3 \end{bmatrix} + \boldsymbol{R} \begin{bmatrix} x_0 \\ y_0 \\ z_0 \end{bmatrix} \tag{6-37}$$

每颗卫星位置的加权平均值可由下式计算

$$\bar{\boldsymbol{x}} = \frac{\sum_{i=1}^{n} \frac{\boldsymbol{x}_i}{\hat{\sigma}_i}}{\sum_{i=1}^{n} \frac{1}{\hat{\sigma}_i}} \tag{6-38}$$

其中，$\boldsymbol{x}_i$ 表示 $i$ 中心估计的卫星坐标向量；$\hat{\sigma}_i$ 为Helmert转换后所得到的第 $i$ 个分析中心的均方根。

下面通过一个算例对不同分析中心处理的多天解弧段的合成过程及合成结果进行分析。

以某天的IGS的精密星历作为真值(在通常情况下，轨道真值是未知的)，以各分析中心所发布的该天的星历作为“虚拟观测值”进行合成，同时不考虑各分析中心轨道结果之间的系统差异。首先按下面的公式求各分析中心所提供的轨道结果的中误差

$$\hat{\sigma}_i = \sqrt{\frac{v_i^2}{n-1}} \tag{6-39}$$

式中，$v_i$ 为第 $i$ 个分析中心轨道位置与IGS的精密星历所提供的轨道位置的差值。

各分析中心的轨道中误差如表6-6所示。取 $\sigma_0^2 = 1$，按 $P_i = \frac{\sigma_0^2}{\hat{\sigma}_0^2}$ 定权，采用式(6-38)进行加权平均处理，得到所合成的轨道，其轨道精度列在表6-6的最后

一列。

表 6-6　各分析中心的轨道精度统计

| 分析中心 | CODE | EMR | ESA | GFZ | JPL | NGS | SIO | 合成结果 |
|---|---|---|---|---|---|---|---|---|
| $\hat{\sigma}_i$ | 0.020 9 | 0.043 9 | 0.069 7 | 0.017 1 | 0.030 8 | 0.074 4 | 0.060 6 | 0.005 2 |

由表 6-6 可以看出，通过加权平均处理以后，合成的轨道与 IGS 精密轨道的互差精度可达到 5 mm，而 IGS 精密轨道的标称精度为 5 cm，并顾及表 6-1 所列的由轨道误差所引起的基线向量的误差，说明采用简单的加权平均处理进行轨道合成已经能够满足基线解算的要求。

图 6-9 给出的是不同分析中心的轨道与加权平均轨道的比较。

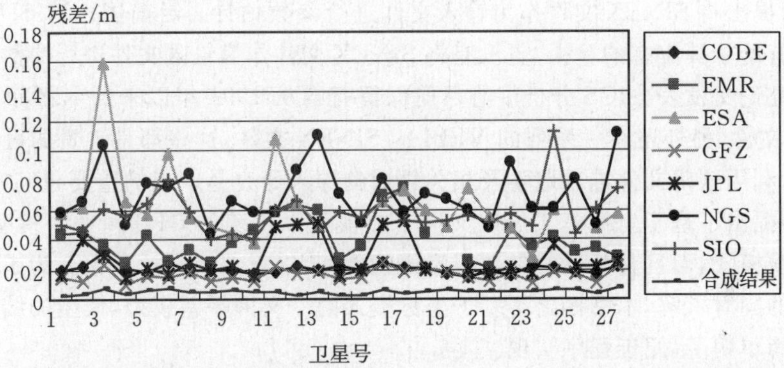


图 6-9　不同分析中心轨道及加权平均轨道与 IGS 精密轨道的比较

从图 6-9 可以看出，目前各 IGS 分析中心所提供的轨道精度还是存在一定的差别，其中 GFZ、CODE、JPL 的轨道精度较高，而 ESA、NGS 的精度较差，值得注意的是，SIO 的轨道精度并不如预期的高。

## §6.7　本章小结

本章采用轨道叠加的方法，对利用单天解轨道合成多天解轨道的算法进行了详细推导，同时分析了利用动力平滑的方法进行简化的轨道合成的处理流程，并通过算例证明了轨道综合对提高轨道产品精度的有效性。对不同分析中心所处理的多天解轨道的再次合成进行了详细分析推导，并给出了笔者处理的结果与 IGS 分析中心结果的比较。

# 第7章　结束语

## §7.1　本书的创新性研究成果

本书对GPS定位定轨后处理的相关问题进行了比较详细的研究。本书的创新性研究成果包括以下几个方面。

(1)提出将SINEX文件作为输入文件进行参数估计。目前国内对SINEX文件尚没有给予其应有的重视,更没有将SINEX文件作为输入文件进行参数估计的相关研究论文发表。IGS分析中心目前保留有自从1991年以来的IGS跟踪站的SINEX文件,另外还有一系列的VLBI的SINEX文件,这些都是宝贵的可以利用的资源,利用这些文件进行地学及相关领域的深入研究是未来的重要研究方向。

(2)提出了基于坐标模式的广义网平差模型。传统的GPS网平差模型,都是基于基线模式,而且其处理的参数类型比较单一,仅仅包括坐标参数。为了实现多类参数的同时求解,本书提出了基于坐标模式的广义网平差模型,模型的结构和处理方法简单明了,便于程序实现。

(3)详细分析了作为输入文件的SINEX文件中的先验约束的影响和消除问题。在传统的GPS网平差模型中,基线解算过程中所引入的约束在网平差处理过程中是不考虑的,这是不严密的。先验约束的不当可能造成基准的不一致,在严密的平差中需要考虑。

(4)在对粗差的影响进行定性分析的基础上,提出基于等价方差—协方差的稳健最小二乘估计方法,并用该方法解决基于坐标模式下的广义网平差中的粗差问题。

(5)以附加约束条件的间接平差模型为例,推导了附加额外约束条件对平差结果的影响,并以平差后的单位权中误差的减小为条件,分析了附加额外约束产生增益的条件,证明了附加额外约束条件并不都能增强解的性状。

(6)利用参数转换的方法对参数先验初值的统一、参数合并、法方程叠加、新参数的引入、法方程的标准化等基本算法进行理论上的统一,为基于坐标模式的广义网平差的算法实现提供了理论基础。

(7)在基于坐标模式的广义网平差模型的支撑下,实现了基于法方程叠加的多类参数(包括测站参数、地球自转参数等)的联合估计。

(8)考虑到将测站速度作为独立的参数在平差的过程中求解时,其参数个数的增加非常显著，这无疑会降低解的稳定性；而且测站坐标并非线性变化，且可能因天线变动等原因存在跳变，因此提出通过测站坐标变化的时间序列数据去估计测站速度的新思路。

(9)通过基于周解的测站坐标序列证明，目前在测站速度的估计中将测站坐标变化假释为匀速与客观事实存在差异。提出对于 IGS 跟踪站的速度值，仅利用一个线性的量去估计它存在偏差，应考虑建立周期性变化模型，或考虑采用分段线性化的方法，每隔一定的时间给出一个对应的速度。

(10)采用轨道叠加的方法，对利用单天解轨道合成多天解轨道算法进行了详细推导，分析了利用动力平滑的方法进行简化的轨道合成的处理流程，并通过算例证明了轨道综合对提高轨道产品精度的有效性。对于局域定轨，轨道综合不仅能保持轨道的连续性，还能非常显著地提高定轨的精度。

(11)实现了不同分析中心所处理的多天解轨道的综合合成。

(12)利用 Visual Fortran 编写了一套卫星精密定位定轨后处理软件。该软件以 SINEX 文件作为输入文件，可以自动地进行先验约束的消除，进行坐标参数、坐标速度参数、地球自转参数的联合估计。如果以包含轨道估计结果的法方程为输入文件，则可进行轨道综合。该软件可以按一定的时间间隔产生测站坐标或地球自转参数的时间序列数据，便于开展测站坐标和地球自转参数周期性变化规律的进一步研究。

## §7.2　展望和设想

针对 GPS 精密定位定轨后处理的问题，尽管本书已做了许多有益的探索，但作者深切地感受到在以后的工作中，需要进一步完成以下内容。

(1)本书的软件模块相互独立，尚没有形成一个完整的系统，程序的优化完善需要在下一步的研究中进行详细考虑。目前的软件各模块之间通过文件进行参数和中间计算结果的传递，尚没有完整的操作界面，程序的执行效率需要提高。

(2)目前研究所采用的 SINEX 文件仅仅包括 GPS 的结果，可进一步考虑利用 GPS 的 SINEX 文件和 VLBI、SLR 等的 SINEX 文件进行联合处理。对于不同类型的解结果所生成的 SINEX 文件的联合处理，其方差分量估计是一个重要的研究内容。

(3)探讨利用 SINEX 文件进行多种空间技术的组合，发挥其各自的优势，进行地球时空基准框架的建立与维持研究。

(4)进行测站速度周期性分析时所用的数据不够，在未来的工作中，拟采用近十年的 IGS 数据，通过三天解而不是周解的计算，增加时间序列的密度和跨度，采用严格的频谱分析的方法，分析测站变化的周期，并依此建立回归模型，为所有的

IGS跟踪站提供测站速度模型。

(5)对于测站速度周期性的分析,可开展更深入的有说服力的研究,包括其物理机制是什么,其速度中的系统项是否与地壳板块运动理论相统一等。

(6)除了对测站速度变化进行周期性分析以外,也可对地球自转参数序列进行频谱分析,分析其周期性变化的规律,并将其与自然灾害等环境变化联系起来,以揭示其内在的规律性。

# 参考文献

[1] 陈俊勇. 2000. 我国大地测量学的进展和展望[J]. 测绘科学 25(1):1-4.

[2] 崔希璋,於宗俦,陶本藻,等. 2001. 广义测量平差[M]. 武汉:武汉测绘科技大学出版社.

[3] 葛茂荣. 1995. GPS 卫星精密定轨理论及软件研究[D]. 武汉:武汉测绘科技大学

[4] 胡明城. 2003. 现代大地测量学的理论及其应用[M]. 北京:测绘出版社.

[5] 黄维彬. 1995. 天文大地网与空间网联合平差数学模型和方案设计[G]. 天文大地网与空间网联合平差论文集

[6] 黄幼才. 1990. 数据探测与抗差估计[M]. 北京:测绘出版社.

[7] 李德仁. 1998. 误差处理和可靠性理论[M]. 北京:测绘出版社.

[8] 李英冰. 2003. 固体地球的环境变化响应[D]. 武汉:武汉大学.

[9] 林元烈. 2002. 应用随机过程[M]. 北京:清华大学出版社.

[10] 刘经南,陈俊勇,张燕平,等. 1999. 广域差分 GPS 原理和方法[M]. 北京:测绘出版社.

[11] 刘经南,姚宜斌,施闯. 2000. 基于等价方差—协方差的稳健最小二乘估计理论研究[J]. 测绘科学 25(3):1-5.

[12] 刘经南,赵齐乐,张小红. 2004. CHAMP 卫星的纯几何定轨及动力平滑中的动力模型补偿研究[J]. 武汉大学学报(信息科学版)29(1):1-6.

[13] 刘林. 2000. 航天器轨道理论[M]. 北京:国防工业出版社.

[14] 周江文,欧吉坤,杨元喜. 1999. 测量误差理论新探[M]. 北京:地震出版社.

[15] 施闯,刘经南. 1998. 基于相关分析的粗差理论[J]. 武汉测绘科技大学学报 23(1):5-9.

[16] 施闯,刘经南. 1999. 国家高精度 GPS 整体平差中的粗差分析[J]. 武汉测绘科技大学学报 24(2):107-111.

[17] 施闯. 2002. 大规模高精度 GPS 网平差处理与分析理论及应用[M]. 北京:测绘出版社.

[18] 施闯,刘经南,姚宜斌. 2002. 高精度 GPS 网数据处理中的系统误差分析[J]. 武汉大学学报(信息科学版)27(2):148-152.

[19] 宋力杰,欧阳桂崇. 2003. 超大规模大地网分区平差快速解算方法[J]. 测绘学报 32(3):204-207.

[20] 孙海燕,吴云. 2002. 半参数回归和模型精化[J]. 武汉大学学报(信息科学版)27(2):172-174.

[21] 汤锡生,陈贻迎,朱民才. 2002. 载人飞船轨道确定和返回控制[M]. 北京:国

防工业出版社.
[22] 陶本藻,施闯,姚宜斌. 2002. 顾及系统误差的平差模型研究[J]. 测绘学院学报 19(2):79-81.
[23] 陶本藻,姚宜斌,施闯. 2004. 基于相关分析的粗差可区分性[J]. 武汉大学学报(信息科学版),29(10):881-884.
[24] 陶本藻. 1986. 附加系统参数的平差模型与统计假设检验[J]. 测绘学报 15(4):241-248.
[25] 陶本藻. 1992. 测量数据统计分析[M]. 测绘出版社.
[26] 陶本藻,姚宜斌. 2002. 可靠性分析与数据探测[J]. 武汉大学学报(信息科学版)27(6):607-609.
[27] 陶本藻,姚宜斌,赵美超. 2002. 论多面函数推估与协方差推估[J]. 测绘通报(9):4-6.
[28] 王惠文. 1999. 偏最小二乘回归方法及其应用[M]. 北京:国防工业出版社.
[29] 王新洲. 1994. 稳健二次估计理论及其在 GPS 随机模型估计中的应用[D]. 武汉:武汉测绘科技大学
[30] 魏子卿,葛茂荣. 1998. GPS 相对定位的数学模型[M]. 北京:测绘出版社.
[31] 魏子卿,黄维彬,杨捷中,等. 2000. 全国天文大地网与空间大地网联合平差[J]. 测绘学报 29(4):283-288.
[32] 郗晓宁,曾国强,任萱,等. 2001. 月球探测器轨道设计[M]. 北京:国防工业出版社.
[33] 许尤楠. 1989. GPS 卫星的精密定轨[M]. 北京:解放军出版社.
[34] 杨元喜. 1993. 抗差估计理论及其应用[M]. 北京:八一出版社
[35] 杨元喜,宋力杰,徐天河. 2002. 大地测量相关观测抗差估计理论[J]. 测绘学报 31(2):95-99.
[36] 姚宜斌. 2000. 基于等价方差-协方差的稳健估计理论研究[D],武汉:武汉测绘科技大学.
[37] 姚宜斌. 2002. 粗差的定性分析[J]. 测绘信息与工程(1):1-3.
[38] 姚宜斌,刘经南,施闯. 2001. 相关稳健估计及其在测量数据处理中的应用[J]. 测绘信息与工程(3):5-8.
[39] 姚宜斌,刘经南,陶本藻,等. 2005. 基于 SINEX 文件的 ERP 参数估计[J]. 武汉大学学报(信息科学版)30(8):739-743.
[40] 姚宜斌,刘经南,陶本藻,等. 2006. 基于坐标模式的广义网平差模型研究[J]. 武汉大学学报(信息科学版)31(1):16-18.
[41] 姚宜斌. 2007. GPS 轨道合成原理及其实现[J]. 武汉大学学报(信息科学版)32(6):510-514.

[42] 姚宜斌,施闯. 2007. IGS 测站的非线性变化研究[J]. 武汉大学学报(信息科学版)32(5):423-426.

[43] 於宗俦,李明峰. 1996. 多维粗差的同时定位与定值[J]. 武汉测绘科技大学学报 21(4):323-329.

[44] 张鹏. 2000. GPS 实时精密星历确定方法与软件研究[D]. 武汉:武汉测绘科技大学.

[45] 中科院计算中心概率统计组. 1979. 概率统计计算[M]. 北京:科学出版社.

[46] 周江文. 1992. 经典误差理论与抗差估计[G]. 抗差估计论文集. 北京:测绘出版社.

[47] 周江文,黄幼才,杨元喜,等. 1995. 抗差最小二乘法[M]. 武汉:华中理工大学出版社.

[48] 周忠谟,易杰军,周琪. 1997. GPS 卫星测量原理与应用[M]. 北京:测绘出版社.

[49] BAARDA W. 1968. A Testing Procedure For Use in Geodesy Networks [J]. New series,2(5).

[50] BERTIGER W I,BAR-SEVER Y E,CHRISTENSEN E J,et al. 1994. GPS Precise Tracking Of Topex/Poseidon: Results and Implications [J]. JGR Oceans Topex/Poseidon Special Issue,99(C12):24 449-24 464.

[51] BEUTLER G,BROCKMAN E,GURTNER W,et al. 1994. Extended Orbit Modeling Techniqueat the CODE Processing Center of the International GPS Service for Geodynamics (IGS); Theory and Initial Results [J]. Manuscripta Geodaetica,19:367-386.

[52] BEUTLER G,BROCKMAN E,HUGENTOBLER U,et al. 1996. Combining n Consecutive One-Day-Arcs into one n-days-arc[J]. Journal of Geodesy,70: 287-299.

[53] BEUTLER G,GURTNER W,BAUERSIMA I,et al. 1985. Modeling and Estimation of Orbits of GPS Satellites[R]. Rockville:Proceeding of the First International Symposium on Precise Positioning with Global Positioning System,1:99-111.

[54] BOCK H,HUGENTOBLER U,SPERINGER T A,et al. 2000. Efficient Precise Orbit Determination of LEO Satellites using GPS[R]. Warschaw: Space Res. 33rd COSPAR Scientific Assembly.

[55] CHEN G,HERRING T A. 1997. Effects of Atmospheric Azimuthal Asymmetry of the Analysis of Space Geodetic Data [J]. Journal of Geophysical Research,102:20 489-20 502.

[56] DONG D, HERRING T A, KING R W. 1998. Estimationg Regional Deformation from a Combination of Space and Terrestrial Geodetic Data[J]. Journal of Geodesy,72:200-214.

[57] FANG P, GENDT G, SPRINGER T, et al. 2001. IGS Near Real-Time Products and Their Applications IGS Analysis Center Workshop[J]. GPS Solutions,4(4):2-8.

[58] FERLAND R, GENDT G, SCHONE T. 2004. IGS Reference Frame Maintenance[R]. Switzerland:The IGS 2004 workshop in Berne.

[59] FLIEGEL H F ,GSLLINI T E,SWIF E R. 1992. Global Positioning System Radiation Force Model for Geodetic Application[J]. Journal of Geophysical Research,97(B1):559-568.

[60] GENDT G. 1996. Comparison of IGS Troposphere Estimations [R]. Pasadena: Proceedings of 1996 IGS Analysis Center Workshop, CA: 151-164.

[61] HEROUX P KOUBA J. 2001. GPS Precise Point Positioning Using IGS Orbit Products[M]. Calgary:KIS2001.

[62] HERRING T A,DONG D,KING R W. 1991. Sub-millisecond Determination of Pole Position Using Global Positioning System Data[J]. Geophys Res Lett,18:1 893-1 896.

[63] HERRING T A, DAVIS J L, SHAPIRO I I. 1990. Geodesy by Radio Interferometry: The Application of Kalman Filtering to the Analysis of VLBI Data[J]. Journal of Geophysical Research,95:12 561-12 581.

[64] HUBER P J. 1981. Robust statistics[M]. New York:Wiley.

[65] HUGENTOBLER U . 1998. Astrometry and Satellite Orbits: Theoretical Considerations and Typical Applications [J]. Zürich: Geodätisch-geophysikalische Arbeiten in der Schweiz, Schweizerische Geodätische Kommission,57.

[66] HUGENTOBLER U, SPRINGER T, SCHAER S, et al. 2000. CODE IGS Analysis Center Technical Report 1999[R]. Pasadena:IGS 1999 Technical Reports Edited by K. Gowey et al. IGS Central Bureau,JPL.

[67] KING R W, BOCK Y. 2000. Documentation for the Gamit GPS Analysis Software[M]. Cambridge Massachusetts Institute of Technology.

[68] KOCH K R. 1980. Parameterschätzung und Hypothesentests in Linearen Modellen[M]. Bonn:Dümmler.

[69] KOUBA J, HEROUX P. 2001. GPS Precise Point Positioning Using IGS

Orbit Products[J]. GPS Solutions,5(2):12-28.

[70] KOUBA J,MIREAULT Y,BEUTLER G. et al. 1998. A Discussion of IGS Solutions and Their Impact on Geodetic and Geophysical Applications[J]. GPS Solutions,2(2):3-15.

[71] LICHTEN S M,BAR-SEVER Y E,BERTIGER E I. et al. 1995. GIPSY-OASIS II:A High Pecision GPS Data processing System and General Orbit Analysis Tool[R]. Chicago:Technology 2000,NASA Technology Transfer Conference,Ⅱ(10):24-26.

[72] LANDAU H, HAGMAIER D. 1986. Analysis of the Required Force-Modeling for NAVSTAR/GPS Satellites[R]. GPS Research 1985 at the Institute of Astronomical and Physical Geodesy,Schriftenreihe Universitarer Studiengang Vermessungswesen,University der Bundeswehr Muchen.

[73] MARTIN MUR T J, SPRINGER T, BAR-SEVER Y. 1998. Orbit Predictions and Rapid Products[R]. Germany: Proceedings in 1998 IGS Analysis Center Workshop. European Space Operations Centre,Darmstadt, 73-88.

[74] NEILAN R E, ZUMBERGE J F, BEUTLER G. et al. 1997. The International GPS Service: A Global Resource For GPS Applications and Research[R]. In Proc. The Institute of Navigation. ION-GPS-97:883-889.

[75] PELZER H. 1980. Some Criteria for the Accuracy and Reliability of Networks[J]. DGK Reihe B,252(s):55-67.

[76] PERTIT G. 1998. Importance of Common Framework for Realization of Space-Time Reference Systems[R]. Springer: International Association of Geodey Symposia,(120):1-7.

[77] RAY J,DONG D,ALTAMIMI Z. 2004. IGS Reference Frame: Status and Future Improvements[R]. Switzerland:Position Paper for "Other Reference Frame Issues" Session at the IGS 2004 Workshop in Berne.

[78] ROTHACHER M. 1991. Orbits of Satellite systems in Space Geodesy[M]. Bern:Astronomical Institute.

[79] ROTHACHER M, BEUTLER G, BROCKMANN E. et al. 1995. Annual Report 1994 of the CODE Processing Center of the IGS[R]. Pasadena: IGS 1994 Annual Report Edited by J. F. Zumberge et al. IGS Central Bureau, JPL,CA:139-162.

[80] ROTHACHER M, BEUTLER G, BROCKMANN E. et al. 1996. Annual Report 1995 of the CODE Processing Center of the IGS[R]. Pasadena: IGS

1995 Annual Report Edited by J. F. Zumberge et al. IGS Central Bureau. JPL,CA:151-174.

[81] ROTHACHER M, SPRINGER T A, BEUTLER G. 1999. Annual Report 1998 of the CODE Processing Center of the IGS[R]. Pasadena: IGS 1998 Technical Reports edited by K. Gowey et al. IGS Central Bureau. JPL, 61-73.

[82] ROTHACHER M, SPRINGER T A, BEUTLER G. et al. 1998. Annual Report 1997 of the CODE Processing Center of the IGS[R]. Pasadena: IGS 1997 Technical Reports Edited by I. Mueller et al. IGS Central Bureau. JPL, CA:73-87.

[83] ROTHACHER M, SPRINGER T A, BEUTLER G. et al. 1997. Annual Report 1996 of the CODE Processing Center of the IGS[R]. Pasadena: IGS 1996 Annual Report Edited by J. F. Zumberge et al. IGS Central Bureau. JPL,CA:201-219.

[84] SPRINGER T A. 2000. Modeling and Validating Orbits and Clocks Using the Global Positioning System[J]. Schweizerische Geodätische Kommission, 60.

[85] SPRINGER T A, BEUTLER G. 1993. Towards an Official IGS Orbit by Combining the Results of all IGS Processing Center[R]. Berne: Proceedings of the 1993 IGS Workshop,(3):242-249.

[86] SPRINGER T A, BEUTLER G, BROCKMAN E. et al. 1996. Towards a New Orbit Model[R]. In Processing of the IGS Analysis Center Workshop in Silver Spring,(3):19-21.

[87] TEUNISSEN P J G and KLEUSBERG A. 1998. GPS for Geodesy(Second Edition)[M]. New York: Springer-Verlag.

[88] TRALLI D M and LICHTEN S M. 1990. Stochastic Estimation of Tropospheric Path Delays in Global Positioning System Geodetic Measurements[J]. Bulletin Geodesique,(64):127-159.

[89] WAHR J M . 1981. The Forced Nutation of an Elliptical, Rotating, Elastic, and Oceanless Earth[J]. Geophys. J. Roy. Astron. Soc. ,64:705-727.

[90] WILLSON R. 1978. Accurate Solar 'Constant' Determination by Cavity Pyrheliometers[J]. Journal of Geophsical Research,83:4 003-4 007.

[91] WU J T, WU S C, HAJJ G A. et al. 1993. Effects of Antenna Orientation on GPS Carrier Phase[J]. Man. Geodetica,18:91-98.

[92] ZUMBERGE J F. 1999. Automated GPS Data Analysis Service[J]. GPS

Solutions,2(3):76-78.
[93] ZUMBERGE J F, HEFLIN M B, JEFFERSON D C. et al. 1997. Precise Point Positioning for the Efficient and Robust Analysis of GPS Data from Large Networks[J]. Journal of Geophysical Research, 102:5 005-5 017.